Una Breve Intr
Storia Afroai....................

CW00523296

Dalla Schiavitù alla Libertà

(La Storia non Raccontata di Colonialismo, diritti Umani, Razzismo Sistemico e Black Lives Matter - Edizione per Studenti)

Stampa del Libro di Storia Globale

Biblioteca Scholar

Disclaimer

Dall'alto a sinistra in basso a sinistra:

Frederick Douglass (abolizionista), Sojourner Truth (attivista), Martin Luther King Jr. (attivista), George Washington Carver (scienziato)

I nostri altri libri

Sei interessato alla storia dell'URSS?

La Storia dell'URSS 1914-1991 è un resoconto completo e autorevole di uno dei periodi più importanti della storia mondiale moderna. Traccia gli eventi dalla Russia zarista, attraverso la rivoluzione bolscevica di Lenin, il governo di Stalin, il "disgelo" di Khrushchev e la stagnazione di Brezhnev - fino a Gorbaciov e oltre. Questo libro offre una prospettiva senza rivali sulla società sovietica ad ogni livello - politico, economico, sociale e culturale.

Questo libro è un resoconto completo dell'ascesa e della caduta del comunismo in Russia. L'autore esamina come questi leader affrontarono i problemi economici come la carenza di cibo e la disoccupazione. Esplora anche le loro politiche estere durante la seconda guerra mondiale e dopo, quando cercarono di mantenere un impero che stava scivolando fuori dalla loro presa.

Scoprirai come la gente viveva sotto il comunismo, cosa mangiava, dove andava a divertirsi, come erano fatti i vestiti, chi poteva viaggiare all'estero o comprare beni stranieri, cosa succedeva quando si ammalava o moriva. E conoscerai tutte quelle cose che oggi sono così familiari, ma che allora non erano ancora state inventate: telefoni cellulari, computer, film occidentali... Tutte queste cose sono nate dopo il 1991, ma questo libro vi racconterà com'era la vita prima di esse.

Sarete in grado di capire perché questo paese è crollato così rapidamente dopo la sua nascita leggendo questo libro! Ci sono molte lezioni per coloro che vogliono studiare i paesi comunisti o semplicemente imparare di più sulla storia russa!

Potete trovare questo libro in versione tascabile su tutti i siti web delle principali librerie

Se siete interessati alla storia della Cina, questo è un grande libro per voi!

Questo libro è una breve storia della Repubblica Popolare Cinese. Copre tutto, dalle antiche dinastie e dalle guerre civili all'ascesa del partito comunista cinese. Puoi leggere come tutto è iniziato, cosa è successo durante il governo di Mao Zedong, e altro ancora!

Nel 1949, il Partito Comunista Cinese (PCC) ottenne la sua prima vittoria e stabilì la Repubblica Popolare Cinese. Il PCC era guidato da Mao Zedong e dai suoi compagni d'armi come Zhou Enlai, Zhu De, Chen Yun e Deng Xiaoping. Essi guidarono il popolo a combattere contro gli invasori giapponesi e i loro nemici interni tra cui i proprietari terrieri, i contadini ricchi, i controrivoluzionari e gli elementi cattivi che stavano sabotando la ricostruzione nazionale.

Se siete interessati a conoscere il passato di questo paese, allora questo è un ottimo punto di partenza. L'autore ha creato un libro informativo che vi darà una migliore comprensione di ciò che è avvenuto nel tempo. Include anche immagini per gli studenti visivi che vogliono vedere le immagini oltre alle parole.

Questo libro vi racconterà di come questi leader hanno contribuito a plasmare la Cina moderna con le loro capacità di leadership che vengono utilizzate ancora oggi! Imparerai come hanno lottato per l'uguaglianza tra tutte le classi della società mentre costruivano un'economia che poteva competere su scala globale. Non è solo una storia di politica o di economia - è anche una storia di cultura! Impara di più sui costumi tradizionali da questa breve storia della Cina!

Potete trovare questo libro in versione tascabile su tutti i siti web delle principali librerie

Introduzione

In questo libro parleremo della storia degli afroamericani, chiamati anche afroamericani o neri americani, queste persone sono un gruppo etnico negli Stati Uniti. I membri sono residenti negli Stati Uniti con ascendenza africana totale o parziale.

Nel 2000, c'erano 34,6 milioni di afroamericani negli Stati Uniti; questo è il 12,3% della popolazione statunitense. Sono per la maggior parte discendenti degli schiavi portati negli Stati Uniti, ma dopo l'abolizione della schiavitù nel 1863, c'è stata anche un'immigrazione dai Caraibi e dall'Africa stessa; il risultato di quest'ultimo flusso di immigrazione è una popolazione di circa 800 000 persone.

Questo gruppo di popolazione ha una storia educativa sta denunciando molti aspetti di difficili punti dolenti nella società contemporanea. È estremamente importante istruirsi sulla storia della schiavitù, del colonialismo e del razzismo, e su come si è sviluppata attraverso gli eventi e i tempi descritti in questo libro.

Come è nato il nome di questo gruppo di popolazione nella storia

Prima di entrare nel dettaglio di ogni parte, parleremo brevemente di come è nato il nome di questo gruppo di popolazione. Durante il periodo della schiavitù, fino al 1865, gli schiavi di origine africana erano chiamati neri o negri. Dopo l'abolizione della schiavitù, colored fu introdotto come alternativa, dato che entrambe le denominazioni precedenti richiamavano il doloroso passato; tuttavia, Negroes, ora con la maiuscola, fu anche usato da questo gruppo come auto-designazione (ad esempio, ancora nel discorso di Martin Luther King I have a dream, 1963). Il movimento per i diritti civili, tuttavia, introdusse anche il termine afroamericani, al fine di rafforzare i legami con le proprie origini, mentre Malcolm X e il movimento Black Power reintrodussero il nome, alla fine più popolare, blacks. La designazione come afroamericani nacque da una proposta di Jesse Jackson, che voleva sostituire la categorizzazione basata sul colore della pelle con una designazione più culturalmente carica.

Una breve introduzione alla linea temporale della storia che tratteremo in questo libro

La parte più importante della storia afroamericana sta nell'inizio della tratta degli schiavi negli Stati Uniti, ma prima di questo argomento, c'era già la tratta transatlantica degli schiavi che ebbe luogo tra il 1525 e il 1867, di cui è importante includere anche questa parte della storia per dipingere un quadro di ciò che ha preceduto la tratta degli schiavi in quelli che ora sono gli Stati Uniti.

A quel tempo, gli Stati Uniti erano una colonia di diversi paesi, principalmente dell'Europa occidentale. era anche diviso in modo diverso, dato che non c'erano ancora confini terrestri. Era anche divisa in modo diverso, dato che non c'erano ancora frontiere terrestri.

1700-1900

Durante il XVIII e l'inizio del XIX secolo, gli schiavi venivano trasportati in massa dall'Africa occidentale al sud di quelli che oggi sono gli Stati Uniti per essere utilizzati come manodopera nelle piantagioni. Spesso morivano in condizioni disumane durante il viaggio verso l'America (famosa è la ribellione sull'Amistad nel 1839 nelle acque intorno a Cuba, in cui una quarantina di schiavi africani si ribellarono e chiesero il viaggio di ritorno in Africa, ma furono trasportati in America, scatenando un acceso dibattito che finì con il loro ritorno in Africa). Il commercio degli schiavi fu abolito nel 1808, ma questo non era abbastanza per la gente del Nord, che voleva che la schiavitù come istituzione fosse abolita del tutto. C'erano molti movimenti che lavoravano per questo.

Nel 1860 Abraham Lincoln fu eletto presidente degli Stati Uniti. I sudisti erano contrari a questo presidente, in parte perché temevano che avrebbe messo fine alla schiavitù. Perciò il Sud dichiarò la sua indipendenza e da allora in poi fu conosciuto come la Confederazione. Nonostante i successi iniziali, alla fine il Sud perse e fu costretto a liberare gli schiavi. Nel Sud, alcuni negano ancora che la Guerra Civile Americana abbia riguardato l'abolizione della schiavitù; essi credono che si sia trattato di difendere l'autonomia degli stati contro l'autorità federale. Molti ex schiavi emigrarono al Nord, dove, per inciso, le condizioni non erano molto migliori a causa dell'odio razziale. Eppure, gli afroamericani sono di gran lunga i più concentrati nel territorio dell'ex Confederazione.

1900-1970

L'abolizione della schiavitù non ha reso gli afroamericani uguali; è stato messo in atto un sistema per mantenere bianchi e neri separati nella società, chiamato segregazione. Questo significava che i neri dovevano utilizzare servizi diversi, spesso inferiori, rispetto ai bianchi. Negli anni '50, il presidente Dwight D. Eisenhower cercò con riluttanza di porre fine a ciò. Per esempio, costretto dalla Corte Suprema, aprì diverse scuole bianche nel Sud ai neri, portando a rivolte razziali.

Una figura chiave per gli afroamericani fu Martin Luther King, un leader del movimento per i diritti civili dei neri. Ha guidato la marcia verso Washington D.C. il 28 agosto 1963, dove ha tenuto il suo famoso discorso I Have a Dream. Nel 1964 ricevette il premio Nobel per la pace. Nel 1968 fu ucciso da James Earl Ray. Nel 1983, il terzo lunedì di gennaio divenne una festa nazionale chiamata Martin Luther King Day.

1970-2021

I neri americani sono l'unico gruppo che è stato sistematicamente discriminato dal governo e, semmai, non ha ricevuto nulla. Fino al

1965, i neri residenti negli Stati Uniti non erano liberi - è stato allora che la segregazione razziale è stata rimossa dai libri di statuto. Anche se la maggior parte della gente in America non è più apertamente razzista come allora, il razzismo è radicato nella storia degli Stati Uniti. Se non prendiamo una svolta per correggerlo, continuerà a influenzare il modo in cui le persone prosperano, e come i neri sono trattati dalla polizia in questo momento.

Gli Stati Uniti sono costruiti sul razzismo. E alcune persone vogliono difenderlo. Impediscono ai neri di esercitare i loro diritti fondamentali. All'inizio di quest'anno, nel Michigan, dei bianchi armati hanno occupato un edificio governativo per protesta. Immaginate se lo avesse fatto un gruppo di neri! Allora la situazione sarebbe potuta finire in modo terribile.

Grazie al movimento per i diritti civili degli anni '60, c'era una legislazione che aiutava a far progredire il fondo della società. Ma negli anni '80, il presidente Ronald Reagan iniziò a tagliare tutto questo. Con il crollo dell'industria, anche i posti di lavoro dei quartieri a cui molti neri americani erano condannati. Seguì l'incertezza economica, a cui si aggiunse una forza di polizia smisuratamente grande che combatteva la guerra alla droga molto più nei quartieri neri che in quelli bianchi.

Pesanti pene detentive per reati minori di droga hanno reso la prigione una parte della vita nelle comunità nere. Un nero su tre passa del tempo in prigione, rispetto a solo uno su diciassette uomini bianchi. Tutti questi uomini continuano a lottare per il resto della loro vita per trovare un lavoro, ottenere il sostegno del governo, o anche votare - che non è più permesso in molti stati con una fedina penale.

Il sistema di giustizia penale è un nuovo modo di trasformare i neri in cittadini di seconda classe, ha mostrato la scrittrice e avvocato Michelle Alexander nel suo classico The New Jim Crow. Il progresso che gli attivisti guidati da Martin Luther King sono riusciti a fare negli anni '60 è stato annullato dall'incarcerazione di massa. In questo libro si affrontano anche gli eventi attuali con la storia afroamericana come sfondo e sostegno.

Speriamo che il libro sia un'esperienza educativa che arricchirà la vostra prospettiva su questa parte cruciale della storia mondiale. Speriamo anche di contribuire all'importanza sociale di una società giusta. la nostra visione è che questa può essere migliorata solo attraverso l'educazione e la trasparenza. Solo imparando come il tuo prossimo vive la sua vita puoi consapevolmente contribuire positivamente a un futuro migliore.

Se ti piace questo libro, per favore lascia una recensione per assicurarti che più persone lo leggano e possiamo diffondere un po' di consapevolezza!

Tabella dei contenuti

Parte 1: L'eredità africana e la tratta transatlantica degli schiavi

Capitolo 1: Africa precoloniale

Per la maggior parte delle persone che si addentrano in questo argomento, la storia dell'Africa inizia dal XVII secolo (1600 d.C.), quando le potenze europee di allora effettuarono le prime spedizioni transatlantiche di schiavi.

Solo per discutere brevemente un ampio lasso di tempo, tra 200 000 e 100 000 anni fa, gli esseri umani moderni cominciarono ad evolversi in tutta l'Africa - compreso il Sudafrica. Essi divennero i San, che più tardi incontrarono i nomadi Khoi che migravano verso sud dal nord, e divennero collettivamente noti come Khoisan.

I Khoisan entrarono nel Capo occidentale più o meno nello stesso periodo (300 d.C.) in cui gruppi della prima età del ferro attraversarono il Limpopo, i cui discendenti, circa 1000 anni dopo, formarono il regno africano di Mapungubwe e stabilirono relazioni commerciali con la Cina, l'India e l'Arabia.

L'Egitto aveva primi contatti in profondità nell'entroterra dell'Africa. Per esempio, Kush faceva parte dell'Egitto e spedizioni regolari partivano per il Corno d'Africa, verso il Poent. Durante l'instabile terzo interregno dell'Egitto, i kushiti iniziarono a staccarsi dai faraoni egiziani e stabilirono lo stato autonomo di Kush, con le città di Napata (ai piedi della montagna sacra Djebel Barkal) e Meroe come principali centri di potere. La cultura kushita fu fortemente influenzata dalla cultura egizia. Così, anche qui furono costruite piramidi. Tuttavia, queste tombe erano alte solo una decina di metri e molto più ripide delle piramidi egiziane.

Piye, re di Kush (Nubia) conquistò tutto l'Egitto intorno al 740 a.C. e fondò la 25a dinastia egizia, il periodo dei faraoni neri. Con l'aiuto degli assiri, Psammetico I fu in grado di riconquistare l'Egitto. Ottenne il controllo dell'intero paese nel 656 a.C.

Secondo la tradizione, il regno d'Etiopia fu fondato nel 980 a.C. da Menelik I, il figlio di Salomone e della regina di Saba.

Si pensa che gli antenati dei popoli Bantu abbiano iniziato a penetrare nella foresta pluviale dell'Africa centrale intorno al 1000 a.C., probabilmente lungo i fiumi principali. Da lì avrebbero raggiunto le vicinanze del lago Vittoria, che sarebbe diventato un centro secondario da cui si sarebbero diffusi in gran parte dell'Africa orientale nei primi secoli della nostra era.

Intorno all'inizio dell'era, l'intera costa settentrionale dell'Africa faceva parte dell'Impero Romano. Questo è anche il modo in cui il continente ha ottenuto il suo nome: Africa era il nome latino della regione di terra intorno all'attuale Tunisia. Il Nord Africa era una delle aree più importanti in termini di cultura.

Con l'avvento del cristianesimo, tutta questa zona divenne inizialmente cristiana. Anche se la chiusura del tempio di Iside a Elefantina non fu accolta dai suoi vicini del sud, la nuova fede penetrò presto anche in Nubia. Più tardi si sarebbe diffusa anche in Etiopia. Con l'avvento dell'Islam, la Nubia continuò ad aderire alla fede copta per molto tempo (fino al XVI secolo), e lo stesso vale per l'Etiopia fino ad oggi.

Nel quinto e sesto secolo, il grande impero ghanese e Kanem-Bornu emerse in Africa occidentale, invaso dai suoi vicini del nord nell'undicesimo secolo. Nel 1230, la capitale del Ghana cadde. Dal tredicesimo alla metà del sedicesimo secolo, i grandi imperi islamici di Songhai e Mali (capitale Timbuktu) sorsero successivamente a sud del Sahara. La Mecca fu costruita in gran parte con il denaro di questi fiorenti regni. Durante lo stesso periodo, nell'Africa meridionale fiorì la cultura dell'Età del Ferro del Grande Zimbabwe. Questa cultura, secondo gli artefatti trovati nei forti, aveva relazioni commerciali con la Cina e altri.

In contrasto con i paesi mediterranei, la schiavitù era praticamente assente dalla Repubblica dei Paesi Bassi, dall'Inghilterra e dalla Francia nel tardo Medioevo e nella prima età moderna. Era impensabile in questo periodo che grandi gruppi di schiavi fossero venduti ad Amsterdam, Londra o Nantes, come accadde a Lisbona e Cadice. Ma sebbene la libertà fosse un concetto importante nella Repubblica e l'abuso degli indiani fosse usato come propaganda dagli spagnoli, gli olandesi, così come gli inglesi e i francesi, non vedevano alcun problema nel commerciare gli schiavi fuori dall'Europa e nell'usarli nelle piantagioni.

Nella Repubblica Romana e presso i Greci, chiunque poteva cadere preda della schiavitù, che era vista come una questione di sfortuna. Sotto l'influenza del cristianesimo, la schiavitù inizialmente scomparve nell'Europa occidentale. Il commercio di schiavi era considerato immorale e andava contro i valori cristiani.

Questo cambiò con la tratta transatlantica degli schiavi. Qui, la giustificazione fu cercata nella Bibbia, tra gli altri luoghi, dove in Genesi 9 i discendenti di Cham - Martin Lutero sosteneva che Cham era il progenitore di tutte le persone di colore - sono maledetti alla schiavitù. La forma di disconnessione morale è cambiata più tardi ritraendo le vittime come inferiori e barbari, contribuendo così in modo significativo allo sviluppo del razzismo.

Il XV secolo

Il giro di Capo Bojador nel 1434 da parte dei portoghesi può essere considerato l'inizio dei viaggi di scoperta europei. Nel 1441 Antão Gonçalves comprò il primo schiavo nero africano e l'anno seguente ne comprò altri dieci. Erano chiamati "azenegue". Nel 1445, Nuno Tristão fondò la prima fabbrica, Feitorias, sull'isola di Arguin. Alla morte di Enrico il Navigatore nel 1460, avevano esplorato la costa dell'Africa occidentale fino a Capo Palmas, l'inizio del Golfo di Guinea.

Nel 1469, il re Alfons V del Portogallo concesse il monopolio del Golfo di Guinea a Fernão Gomes, un mercante di Lisbona, con un affitto annuale di 200.000 réis. Il contratto prevedeva inoltre che Gomes continuasse le scoperte e navigasse fino a cento leghe (150 miglia) lungo la costa. Durante questo periodo, furono scoperte le miniere d'oro di Elmina, questo divenne una forza trainante per ulteriori ricerche.

Durante il regno del re Johan II del Portogallo (1481-1495), Diogo Cao scoprì la foce del fiume Congo e doppiò Bartolomeu Dias, Capo di Buona Speranza. Durante questo periodo, le isole di Sao Tome e Principe furono popolate.

Vasco da Gama fu il primo europeo a navigare intorno all'Africa (1497-1498). Durante lo storico viaggio del 1500 sotto Pedro Álvares Cabral, non solo fu scoperto il Brasile, ma anche il Madagascar.

Questo secolo segna anche l'inizio del commercio transatlantico degli schiavi. Anche se la tratta degli schiavi era già presente in Africa, e per secoli c'era stato lavoro forzato venduto ai paesi circostanti, soprattutto in Medio Oriente. Fu questa l'epoca in cui l'Europa colonizzò grandi parti dell'Africa con poco preavviso per avere manodopera a basso costo e rubare risorse.

Questa parte della storia sui dettagli della tratta transatlantica degli schiavi sarà ulteriormente discussa nel prossimo capitolo.

Capitolo 2: Una panoramica della tratta transatlantica degli schiavi

Il commercio transatlantico di schiavi era il commercio di schiavi dall'Africa alle Americhe, condotto dagli europei. Era il passaggio intermedio del commercio triangolare e si svolse tra il 1525 e il 1867, con un picco nel XVIII secolo e nella prima metà del XIX secolo. Si stima che furono trasportati 12 milioni di schiavi.

Il commercio transatlantico di schiavi era il commercio di schiavi dall'Africa alle Americhe, condotto dagli europei. Era il passaggio intermedio del commercio triangolare e si svolse tra il 1525 e il 1867, con un picco nel XVIII secolo e nella prima metà del XIX secolo. Si stima che furono trasportati 12 milioni di schiavi.

La tratta transatlantica degli schiavi ha portato soprattutto africani neri in Nord e Sud America. In Africa, gli schiavi venivano offerti dai capi neri locali che, tra le altre cose, li rendevano schiavi in varie guerre. Invece di far lavorare questi schiavi fino alla morte, ucciderli cerimonialmente o venderli ai commercianti arabi come prima, si dimostrò più redditizio venderli agli europei.

Così, da Elmina in Ghana, 2.000 schiavi all'anno venivano spediti nelle Americhe. Lì venivano impiegati nelle piantagioni. Sebbene il commercio di schiavi in Africa esistesse già prima dell'intervento degli europei, la scala su cui ebbe luogo in seguito fu considerevolmente più grande. Mentre i numeri precedenti non erano trascurabili, l'impatto demografico era limitato e le società non cambiarono significativamente.

Questo cambiò con la tratta degli schiavi nell'Atlantico. Anche politicamente l'influenza fu grande. Innescò una militarizzazione delle società africane che portò alla formazione di stati in cui gli stati aggressivi come Ashanti e Dahomey erano in vantaggio, mentre popoli come gli Yoruba, Benin e i Mossi alla fine andarono in declino. Economicamente stimolò soluzioni a breve termine, mentre socialmente portò alla divisione, dove si sa ancora oggi quali antenati erano cacciatori di schiavi.

Una breve storia di Ashanti

Nel 1482, i portoghesi costruirono la fortezza di Elmina sulla costa, originariamente a causa dell'estrazione dell'oro. Questo fu l'inizio dei contatti coloniali, che all'inizio riguardavano principalmente il commercio dell'oro. Il Ghana Osei Tutu governò tra il 1680 e il 1717. Dalla cattura della fortezza di Elmina dai portoghesi nel 1637, i commercianti olandesi della Compagnia delle Indie Occidentali erano un importante partner commerciale degli Ashanti, che fornivano schiavi per il commercio triangolare. In cambio, gli Ashanti ebbero accesso alle armi da fuoco, e questo portò ad un inasprimento delle relazioni politiche e sociali interne. Nel 1740, questo commercio aveva spostato il commercio di oro e avorio dal primo posto

Una breve storia del Dahomey

Gli abitanti del regno appartenevano al gruppo etnico dei Fon. Questi non erano molto popolari tra i popoli vicini a causa delle continue guerre per ottenere schiavi. Ogni pochi anni si apriva una nuova guerra per ottenere nuovi schiavi, che venivano a volte messi a lavorare nel regno stesso, e a volte venduti ai mercanti di schiavi europei. Per controllare meglio il commercio di schiavi, i regni di Allada e Savi furono occupati nel 1724 e 1727. Questi si trovavano tra il regno e il mare e ostacolavano il commercio diretto con gli europei.

La tratta transatlantica degli schiavi

Il commercio di schiavi nell'Atlantico non è venuto fuori dal nulla. Per secoli c'era stato un commercio di schiavi in Africa, gli africani vendevano ai commercianti africani e arabi i prigionieri di guerra catturati. Durante il quindicesimo e sedicesimo secolo, il bisogno di lavoro forzato crebbe in Europa, specialmente nelle colonie allora appena occupate. Nel tardo XV e nel XVI secolo, diverse migliaia di schiavi furono trasportati dall'Africa ogni anno.

Il bisogno di manodopera nelle piantagioni di zucchero e tabacco nelle nuove colonie nelle Americhe e la carenza di manodopera libera dall'Europa spinsero il commercio transatlantico di schiavi sempre più in alto. Intorno alla metà del XVII secolo - quando la coltivazione dello zucchero era ben sviluppata nei Caraibi - il commercio di schiavi esplose. Entro il 1700, cinquantamila schiavi venivano trasportati ogni anno. Il ricavato portò una maggiore prosperità all'Europa e un modo per bilanciare meglio la bilancia commerciale con l'Asia. Con lo sviluppo del sistema atlantico, esso contribuì notevolmente all'espansione europea e quindi allo sviluppo del capitalismo.

(un'illustrazione storica che rappresenta il rapimento degli schiavi)

Tuttavia, questo fu accompagnato da grandi tragedie umane. Nel corso dei secoli, i cacciatori di schiavi ridussero in schiavitù decine di milioni di persone, molte delle quali fecero il viaggio transatlantico verso il Nord e Sud America e i Caraibi. Molti morirono prima di poter essere venduti per il trasporto; si stima che tra gli undici e i quattordici milioni di schiavi furono spediti in Occidente durante questa diaspora. In media, circa il 15% degli schiavi morì durante il viaggio.

Sulle società dell'Africa, il commercio transatlantico degli schiavi ebbe un effetto dirompente per cui si sa ancora oggi quali antenati erano cacciatori di schiavi. Non solo la tratta degli schiavi ha rappresentato un drenaggio significativo sulla popolazione dell'Africa, ma ha anche cambiato drammaticamente le società del posto promuovendo la militarizzazione delle società africane e la schiavitù nell'Africa stessa. Inoltre, la schiavitù ha contribuito al rafforzamento del razzismo cercando una giustificazione per la schiavitù che era stata precedentemente dipinta come immorale dal cristianesimo.

Lo studio della tratta transatlantica degli schiavi ha avuto un suo sviluppo. Le prime opere sono quelle degli abolizionisti britannici che hanno sottolineato la natura crudele del commercio per ottenere il sostegno per l'abolizione della tratta degli schiavi. Oltre a questo approccio morale, da allora si sono aggiunte diverse prospettive. Per esempio, il commercio transatlantico di schiavi è esaminato anche dal lato degli affari, il suo impatto sul capitalismo, l'imperialismo europeo, la creazione di un mondo atlantico, le sue conseguenze sociali e culturali, il ruolo giocato dai cacciatori di schiavi africani, e la fonte del razzismo nel Nuovo Mondo.

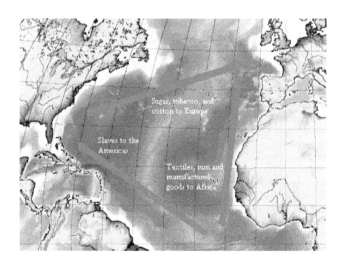

(Commercio triangolare transatlantico)

Il commercio triangolare o navigazione triangolare era il commercio tra Europa, America e Africa. Le navi partivano dall'Europa occidentale con come merce di scambio principalmente armi da fuoco, polvere da sparo, ferro e tessuti. Questi venivano scambiati con schiavi, oro e avorio nell'Africa occidentale con i governanti locali e i commercianti di schiavi africani e arabi.

Dall'Africa occidentale, le navi che trasportavano schiavi partivano poi attraverso il Middle Passage per il Nord America o i Caraibi. Le condizioni degli schiavi durante il viaggio erano miserabili e molti morivano. Gli schiavi venivano venduti in America come lavoratori delle piantagioni. Le navi lasciavano il Nord America e i Caraibi per l'Europa occidentale portando beni di lusso come zucchero, rum, caffè, cotone, argento e

tabacco.

(La bandiera della Compagnia delle Indie Occidentali)

Il commercio era condotto dalla Compagnia Olandese delle Indie Occidentali, tra gli altri. Il commercio tra i Paesi Bassi e il mondo atlantico avvenne grazie alla grande offensiva della Compagnia delle Indie Occidentali contro le superpotenze iberiche, la potenza portoghese nell'Atlantico del Sud e contro i Caraibi spagnoli.

Dopo aver ottenuto il monopolio del commercio atlantico, la West India Company divenne il principale commerciante della Costa d'Oro, dove la Compagnia operava da Fort Nassau in Ghana. Inoltre, il forte era usato per il commercio di grano del paradiso e avorio. A nord della Costa d'Oro, la West India Company commerciava in Senegal, Gambia e Sierra Leone. Elmina era ancora di proprietà dei portoghesi.

Nel prossimo capitolo ci immergeremo più a fondo nel perché è stata istituita la tratta transatlantica degli schiavi. Quali erano le condizioni e le motivazioni dietro questa parte raccapricciante della storia.

(un dipinto olandese di navi di quel periodo impegnate in battaglia)

Capitolo 3: Le ragioni della tratta transatlantica degli schiavi

Il clima in Europa era meno adatto alla coltivazione di un certo numero di colture. L'Africa tropicale e subtropicale era più soddisfacente per questo motivo, ma l'interno, con le sue foreste tropicali e i suoi parassiti, fu a lungo difficile da attraversare, mentre fiumi come il Congo e il Niger erano difficili o impossibili da navigare per le navi oceaniche. Ai margini del deserto, dove l'agricoltura era possibile, erano già presenti stati troppo forti da colonizzare. Una buona alternativa erano inizialmente le isole dell'Atlantico e più tardi il Nuovo Mondo. Gli Aztechi e gli Inca erano le civiltà più importanti qui. Il cuore della prima era in Messico, ma la sua influenza culturale arrivava fino al fiume Mississippi. L'impero degli Inca si estendeva dal sud della Colombia al nord del Cile e dell'Argentina. In queste parti ben organizzate delle Americhe, gli spagnoli furono in grado di assumere rapidamente l'autorità. Nelle aree successive, dove non c'era stato un governo centrale, questo processo era molto più difficile. Questo fu il caso dei Maya nello Yucatán, ma anche in Brasile e in Nord America.

(Popolazioni indigene e colonizzatori in Nord America)

Prima della meccanizzazione su larga scala della rivoluzione industriale, le persone si affidavano principalmente al lavoro umano. Tuttavia, non era scontato che si trattasse di schiavi e che questi venissero dall'Africa. Inizialmente, la manodopera veniva attinta dalla popolazione locale. Nell'area degli Aztechi e degli Incas, potevano usare il sistema esistente per reclutare un gran numero di lavoratori e non c'era bisogno di passare alla schiavitù. Né questo sarebbe stato in linea con il desiderio di cristianizzare questa popolazione. I portoghesi inizialmente cercarono di utilizzare la popolazione locale, ma avevano poca esperienza con l'agricoltura e con la mancanza di un'autorità centrale si dimostrarono quindi incapaci di impiegare una forza lavoro sufficiente. Inoltre, la popolazione nelle aree loro assegnate era troppo piccola per sostenere l'economia delle piantagioni.

A questo si aggiungeva il fatto che la popolazione locale non aveva familiarità con una serie di malattie che avevano un effetto molto devastante. Nel Vecchio Mondo queste si trasmettevano per lo più attraverso il contatto con gli animali da mandria addomesticati. Anche lì, questo aveva fatto molte vittime, ma un certo grado di immunità era stato costruito nel corso dei secoli. L'America ora doveva affrontare un'intera gamma di queste malattie in un breve periodo di tempo, con la popolazione che aveva anche una minore variazione genetica. Almeno il 50% e forse il 90% della popolazione locale perse la vita tra il 1492 e il 1650, rendendo questo il più grande disastro demografico della storia con le epidemie del XIV secolo in Eurasia.

Dall'Europa, era difficile ottenere manodopera verso il Nuovo Mondo, il che aveva diverse cause. In primo luogo, mentre la crescita economica era bassa, meno dello 0,25% all'anno per gli standard odierni, era considerevolmente più alta dei periodi precedenti. Questo significava che nella stessa Europa c'era una grande domanda di lavoro, la cui offerta era ancora relativamente bassa a causa della grande carestia e della peste nera del XIV secolo. Certamente, il Portogallo, con meno di un milione di abitanti, poteva a malapena gestire il suo impero, figuriamoci fornire manodopera sufficiente. La Spagna, pur avendo una popolazione di oltre sette milioni di abitanti, aveva un impero europeo da difendere, che richiedeva sempre più soldati. Quindi, nonostante la presenza di metalli preziosi, le opportunità in Europa e i pericoli del Nuovo Mondo rendevano poco attraente il trasferimento della popolazione povera. Quando l'offerta di manodopera libera era insufficiente, si ricorreva alla schiavitù.

Finché il lavoro era più scarso della terra, questo incoraggiava la servitù della gleba e la schiavitù. Questo fu il caso durante l'Alto Medioevo in Europa. Gli schiavi sarebbero stati i più economici provenienti dall'Europa, cosa che era avvenuta in precedenza con i popoli slavi. Questi furono usati da Venezia a Creta e Cipro, tra gli altri, per sfruttare le piantagioni di canna da zucchero con tecniche adottate dalla Siria. Tuttavia, l'ascesa dell'Impero Ottomano bloccò le risorse slave.

In Europa occidentale, la schiavitù scomparve in gran parte durante il Medioevo, in parte a causa della cristianizzazione e di cause economiche. Intorno al Mediterraneo non fu così. Infatti, con le conquiste arabe, qui ci fu un aumento del commercio di schiavi. Anche nel resto dell'Africa la manodopera era scarsa e la ricchezza si misurava in base al numero di persone sotto di essa. Il commercio di schiavi in Africa ebbe quindi luogo almeno mille anni prima che gli europei ne fossero coinvolti. Fino ad allora, tuttavia, era di dimensioni modeste.

Le persone non hanno quasi mai schiavizzato i membri della loro stessa società e in Europa la maggior parte degli stati erano troppo potenti per essere in grado di ottenere schiavi su larga scala. Questo non era il caso dell'Africa, dove certi popoli potevano più facilmente dominare e schiavizzare altre società. Gli europei si unirono quindi a una rete di commercio di schiavi arabi che esisteva da almeno sei secoli. Gli schiavi erano forniti da commercianti africani e arabi e portati nelle Americhe dagli europei. Gli alti costi di acquisto degli schiavi, il passaggio e la soppressione delle ribellioni furono inizialmente finanziati dalla prima fonte di reddito del Nuovo Mondo, le miniere d'oro e d'argento. In una fase successiva, anche il reddito delle piantagioni fu utilizzato per questo scopo.

(Colonizzazione delle Americhe da parte della Gran Bretagna)

Capitolo 4: La storia della tratta transatlantica degli schiavi

Nel 1415, come estensione della Reconquista, i portoghesi conquistarono la ricca Ceuta. Questo era il capolinea delle carovane commerciali provenienti dall'Africa occidentale, e dopo la conquista questa fonte si è prosciugata, e hanno deciso di prendere in mano il commercio da soli. Il commercio di schiavi iniziò nel 1444, ma inizialmente era secondario rispetto alla loro principale merce proveniente dall'Africa, l'oro.

Gli schiavi erano usati in Portogallo per i lavori domestici, e nelle città portuali del Portogallo meridionale arrivavano a costituire il 15% della popolazione totale. In altre città portuali portoghesi e spagnole potevano arrivare al 10%. Inoltre, i portoghesi partecipavano al commercio lungo la costa africana per finanziare l'oro. Questa situazione cambiò quando i portoghesi iniziarono a gestire le piantagioni di canna da zucchero a Madeira nel 1455. Questo cambiò il bisogno di schiavi che ora erano impiegati in queste piantagioni. Inizialmente, questi schiavi furono ottenuti principalmente dal Senegambia e dalla Costa d'Oro.

Questo cambiò quando le piantagioni di zucchero furono sfruttate anche a Sao Tome e Principe e i portoghesi strinsero un'alleanza con il Regno del Congo. Le società trovate in Africa si dimostrarono troppo potenti da colonizzare, così la ricerca di più terra per le piantagioni di zucchero fu una delle forze trainanti per cercare isole sempre più occidentali.

Nel Nuovo Mondo, il sistema delle piantagioni fu copiato dalle isole atlantiche, ma su una scala molto più grande. Così, nel Nuovo Mondo, emerse un'economia di piantagione con a capo ricchi proprietari europei dell'industria dello zucchero che possedevano molti schiavi e campi di zucchero. Tra questi c'erano i piantatori che non potevano permettersi uno zuccherificio. I contadini poveri come in Europa erano praticamente inesistenti. Per questo gruppo c'erano solo posizioni amministrative e lavori specifici negli zuccherifici.

La maggioranza della popolazione era costituita dagli schiavi che svolgevano i lavori pesanti. All'inizio venivano utilizzati gli schiavi acculturati e cristianizzati (negros ladinos) della penisola iberica, ma presto vennero portati direttamente dall'Africa (negros bocales). Ferdinando II d'Aragona autorizzò Bartolomeo Marchionni a trasportare i primi schiavi dall'Africa alle Americhe (Santo Domingo) nel 1510. L'imperatore Carlo V concesse una licenza a Laurent de Gorrevod nel 1518 per il trasferimento esentasse di 4.000 schiavi africani nei suoi possedimenti americani. La casa bancaria Welser ricevette la prossima importante licenza nel 1528. La Spagna non poteva stabilire insediamenti in Africa a causa del trattato di Tordesillas del 1494, così concesse al Portogallo un asiento esclusivo nel 1595.

Brasile

Nel 1500, il Brasile fu scoperto dal Portogallo e, secondo il trattato di Tordesillas, l'area passò anche a loro. Le ricchezze portate dal commercio con le isole delle spezie e l'India fecero sì che la colonizzazione del Brasile non fosse una priorità per i primi decenni. Questo cambiò quando i francesi e gli inglesi iniziarono a stabilirsi nella zona. Il Portogallo iniziò la colonizzazione e per finanziarla usò il metodo collaudato delle piantagioni di zucchero. I primi arrivarono intorno al 1550 e presto la produttività qui fu superiore a quella delle isole atlantiche. Dal 1560 ci fu un continuo commercio di schiavi in Brasile.

In cambio dell'appoggio, Álvaro I del Congo diede ai portoghesi il diritto di stabilirsi a sud del suo regno. Luanda fu fondata lì nel 1576 e da allora in poi la maggior parte degli schiavi spediti nelle Americhe sarebbe venuta dall'Angola.

Mentre i portoghesi fornivano gli schiavi, il trasporto dello zucchero in Europa era nelle mani degli olandesi. Anversa divenne così il centro del mercato europeo dello zucchero. La situazione cambiò durante la Guerra degli Ottant'anni, quando gli olandesi si scontrarono con gli spagnoli. Questo non influenzò direttamente le relazioni con il Portogallo, ma nel 1580 il Portogallo fu annesso alla Spagna dopo la battaglia di Alcântara. La guerra con Spagna e Portogallo privò anche i Paesi Bassi del redditizio commercio di spezie. Questo fu un incentivo per espandere la navigazione oltre l'Europa, e un secolo dopo i portoghesi, gli olandesi trovarono la rotta per l'Asia.

(Navi portoghesi che arrivano in Brasile)

Di conseguenza, si scontrarono presto con i portoghesi. Di conseguenza, una guerra de facto portoghese-olandese fu combattuta come estensione globale della Guerra degli Ottant'anni. Nella lotta contro gli spagnoli e i portoghesi, all'inizio si usava la navigazione privata. Questa era la principale fonte di reddito della West India Company (WIC) subito dopo la sua fondazione nel 1621. Poi la WIC sviluppò il Groot Desseyn, un grande piano in cui il commercio di zucchero portoghese dal Brasile doveva essere minato rilevando il commercio di schiavi.

Con la cattura della flotta d'argento nel 1628, furono disponibili fondi sufficienti. Tra il 1630 e il 1634 fu conquistata Recife con gran parte della costa brasiliana, che divenne il Brasile olandese. Nel 1637 fu conquistata l'isola di Elmina vicino alla Costa d'Oro, la principale roccaforte portoghese del commercio di schiavi. Per i secoli successivi, questa fortezza sarebbe stata uno dei centri del commercio di schiavi della WIC. Nel 1641 anche Luanda fu conquistata dai portoghesi. Nel 1700, la WIC possedeva circa una dozzina di fortezze sulla costa dell'Africa occidentale.

Dopo questo, il commercio di schiavi olandese cominciò ad assumere grandi proporzioni. Per mantenere la produzione di zucchero, molti proprietari di piantagioni portoghesi furono in grado di mantenere le loro piantagioni. Dal Brasile olandese, tuttavia, molte tecniche furono trasferite al resto delle Americhe, ponendo fine al monopolio brasiliano dello zucchero.

Questo aprì la strada alla creazione di colonie francesi e inglesi nelle Americhe. A partire dal 1640, il commercio di schiavi con il Brasile cominciò a crollare e il commercio fu spostato verso le colonie spagnole nelle Americhe. Inizialmente, i commercianti olandesi trasportarono gli schiavi a Buenos Aires e Rio de la Plata, nell'attuale Argentina; più tardi, anche i Caraibi divennero un obiettivo del commercio di schiavi.

Nel 1654, il Brasile fu riconquistato dal Portogallo, dopo di che la coltivazione della canna da zucchero fu trasferita nei Caraibi, facendo perdere al Brasile il suo monopolio e iniziando un declino economico. Questo ebbe il suo effetto sul numero di schiavi portati in Brasile fino a quando fu scoperto l'oro a Minas Gerais nel 1695. Questo aumentò notevolmente il commercio di schiavi.

Caraibi

Dopo la riconquista portoghese del Brasile, Curaçao, catturata nel 1634, divenne il punto di raccolta olandese degli schiavi. Dopo la conquista inglese della Giamaica nel 1655, divenne un importante mercato di transito di schiavi per le colonie spagnole. All'inizio, i Caraibi ospitavano soprattutto piantagioni di tabacco, ma più tardi le piantagioni di zucchero divennero di dimensioni simili a quelle del Brasile.

Dal 1641, lo zucchero fu esportato da qui in Europa. Nuovi acquirenti furono trovati negli inglesi e nei francesi che coltivavano tabacco nelle isole che avevano conquistato nei Caraibi e in Virginia. Fino al 1660 circa, i francesi e gli inglesi dipendevano dagli olandesi per sviluppare e rifornire di schiavi queste colonie, ma man mano che il loro ruolo in Asia cresceva, cresceva anche il loro ruolo nel commercio di schiavi. Le guerre inglesi in cui i francesi assistettero gli inglesi misero fine all'egemonia olandese, e alla fine del XVII secolo gli inglesi e i francesi avevano una quota significativa nel commercio di schiavi dell'Atlantico.

Gli inglesi erano stati coinvolti nel commercio degli schiavi dal 1562 con John Hawkins che giocava un ruolo pionieristico. Dal 1672 la Royal African Company aveva il monopolio del commercio degli schiavi, ma lo perse nel 1698. Poi nel XVIII secolo il commercio di schiavi aumentò enormemente. Ci furono anni in cui furono trasportati più di centomila schiavi. Tuttavia, la Francia e l'Inghilterra presero la posizione della Repubblica, come fecero con l'altro commercio. I francesi usarono in particolare Saint-Domingue, che ottennero nel 1697 con il trattato di Rijswijk.

(una mappa dei Caraibi in quel periodo)

America del Nord

Le colonie inglesi del Nord America furono, poco dopo la loro nascita, una destinazione per gli schiavi africani, oltre agli indiani che gli stessi colonizzatori schiavizzarono.

La colonia di Jamestown in Virginia, fondata nel 1607, acquistò il primo carico di schiavi neri nel 1619. Si trattava di una ventina di persone portate dal Leone Bianco, un corsaro di Flushing che aveva intercettato la nave di schiavi portoghese São João Bautista, ma che ora aveva un disperato bisogno di cibo. Il conseguente scambio è considerato l'inizio della schiavitù nera negli Stati Uniti, che sarebbe durata fino al 1865. A partire dagli anni 1680, il commercio di schiavi dall'Africa cominciò davvero a decollare e l'economia delle piantagioni decollò.

(l'istituzione di una nuova Amsterdam in Nord America)

Capitolo 5: La schiavitù durante la tratta transatlantica degli schiavi

La schiavitù esisteva in varie forme e gradi, in cui l'autodeterminazione era limitata in misura maggiore o minore. Inizialmente, gran parte della popolazione delle colonie americane era costituita da lavoratori a contratto, per lo più europei, ma anche africani. In questo, essi mantenevano un diritto di autodeterminazione in una certa misura e normalmente riacquistavano la libertà dopo qualche tempo. Per gli africani, la servitù per debiti poteva essere una delle ragioni per cui dovevano fare la traversata dell'Atlantico. Tuttavia, mentre anche con la servitù per debiti un certo grado di autodeterminazione è ancora possibile, e ci si potrebbe ricomprare liberi, con la schiavitù transatlantica la disumanizzazione fu ulteriormente implementata. Questo era un caso

di schiavitù materiale, dove il proprietario aveva un potere quasi illimitato.

(l'annegamento degli schiavi durante questo periodo)

Ribellioni di schiavi

Le ribellioni degli schiavi avvenivano sia in Africa, durante il viaggio, che nelle Americhe. Probabilmente circa il 10% dei viaggi comportava ribellioni. Le ribellioni erano particolarmente elevate nei viaggi dall'Alta Guinea (Senegambia, Sierra Leone e Costa d'Avorio), quindi i residenti di questa costa costituivano una parte relativamente piccola del numero totale di schiavi.

Nel Nuovo Mondo ci furono molte ribellioni, come quella degli schiavi di Berbice nel 1763 e la ribellione degli schiavi di Curaçao del 1795 guidata da Tula. In generale, però, queste furono sedate. Solo la rivoluzione haitiana dal 1791 al 1804 ebbe successo nel cacciare i proprietari di schiavi. Inoltre, molti schiavi fuggirono e poi si organizzarono in comunità maroon.

Gli effetti della schiavitù

Sebbene il commercio di schiavi in Africa esistesse già prima che gli europei vi intervenissero, la scala su cui si svolse in seguito fu notevolmente più ampia.

Mentre i numeri precedenti non erano trascurabili, l'impatto demografico era limitato e le società non cambiarono significativamente. Questo cambiò con la tratta degli schiavi nell'Atlantico. Politicamente, l'influenza fu anche grande. Ha innescato una militarizzazione delle società africane che ha portato alla formazione di stati in cui stati aggressivi come Ashanti e Dahomey erano in vantaggio, mentre popoli come Yoruba, Benin e Mossi alla fine sono andati in declino. Economicamente incoraggiò soluzioni a breve termine, mentre socialmente portò alla divisione, dove ancora oggi si sa quali antenati erano cacciatori di schiavi.

Il commercio atlantico di schiavi ebbe anche l'effetto di aumentare il commercio interno di schiavi in Africa al punto che si stima che al culmine del commercio di schiavi ci fossero tanti schiavi in Africa quanti nelle Americhe. Con il declino della tratta transatlantica degli schiavi, gli schiavi in Africa divennero più economici e il loro numero aumentò fino a quando ci furono più schiavi in Africa che nelle Americhe.

Nelle Americhe, gli schiavi sostituirono i locali che soccombevano a malattie a loro sconosciute. Fino al diciannovesimo secolo, il Brasile aveva la più grande popolazione di schiavi, dopo di che questa posizione fu ripresa dagli Stati Uniti.

In primo luogo, lo storico Williams ha tirato fuori come il commercio degli schiavi e la schiavitù avevano contribuito alla prosperità e all'espansione europea. In Capitalism and Slavery del 1944, ha sostenuto che la schiavitù aveva dato un contributo significativo al primo capitalismo e finanziato la rivoluzione industriale. Successivamente, quella stessa rivoluzione e il conseguente capitalismo industriale hanno reso la schiavitù obsoleta.

Williams ha anche contrastato la nozione allora prevalente che l'abolizionismo derivasse principalmente da preoccupazioni umanitarie. Per esempio, sostenne che se Pitt avesse avuto successo nella conquista di Saint-Domingue, avrebbe abbandonato l'abolizionismo, poiché Saint-Domingue - dove 40.000 schiavi dovevano essere portati ogni anno per mantenere le piantagioni di canna da zucchero in funzione - non avrebbe avuto alcun valore senza schiavi. Qui formulò quella che sarebbe diventata nota come la tesi di Williams, la necessità economica della schiavitù per rendere possibile la rivoluzione industriale, che avrebbe poi reso la schiavitù non redditizia:

Il capitalismo commerciale del XVIII secolo ha sviluppato la ricchezza dell'Europa per mezzo della schiavitù e del monopolio. Ma così facendo ha contribuito a creare il capitalismo industriale del XIX secolo, che ha rovesciato e distrutto il potere del capitalismo commerciale, la schiavitù e tutte le sue opere. Senza una comprensione di questi cambiamenti economici la storia del periodo non ha senso.

Questa tesi di Williams è diventata da allora oggetto di molti dibattiti, ma sembrano esserci forti indicazioni che la tesi possa non reggere nella sua interezza, ma almeno in aspetti importanti. È stato argomentato contro la tesi che l'importanza economica e la redditività del commercio di schiavi era minima per l'Europa.

Tuttavia, questo lascia da parte il fatto che la schiavitù è stata molto importante nel rendere possibile la colonizzazione delle Americhe e quindi ha messo in moto uno sviluppo dell'espansione europea abbinato allo sviluppo di nuovi strumenti finanziari.

Fu anche Williams a sostenere che il razzismo derivava principalmente dalla schiavitù attraverso la necessità di giustificazione e la disumanizzazione che la precedeva.

La moralità della schiavitù in quel periodo

I casi di cui sopra fanno sembrare che qui fossero in gioco solo considerazioni commerciali. Tuttavia, c'era la consapevolezza che qui si stava andando contro i valori e le norme umane.

Motivi come la ricerca del profitto e l'indebolimento del nemico, tuttavia, spinsero questa consapevolezza in secondo piano. Per esempio, la Chiesa cattolica romana inizialmente scoraggiò la schiavitù, ma con il Romanus Pontifex del 1455, autorizzò la schiavitù dei non cristiani come attività missionaria.

Il trattamento degli indiani nel Nuovo Mondo creò voci critiche in Spagna, specialmente attraverso l'opera del sacerdote Las Casas che fu sostenuto dall'influente Cisneros.

Las Casas si oppose particolarmente al sistema dell'encomienda e giocò un ruolo importante nella creazione delle Nuove Leggi, Las Nuevas Leyes de las Indias. Nel 1542, questo frenò lo sfruttamento degli indiani, anche se non poté eliminare completamente l'usanza. Né poteva impedire l'estrazione su larga scala di schiavi dall'Africa.

(Il disegno della "Brevísima relación del 1552" del sacerdote Las Casas)

Capitolo 6: L'abolizione della tratta transatlantica degli schiavi

L'opposizione alla schiavitù crebbe nel corso dei secoli e l'abolizionismo divenne un movimento importante, specialmente in Inghilterra. I quaccheri furono i primi ad opporsi alla schiavitù perché si diceva che non fosse cristiana. Sotto l'influenza dell'Illuminismo e dell'idea dei diritti umani, il movimento si espanse.

Alexander Falconbridge ha navigato come medico in diversi viaggi e lì è diventato un abolizionista.

Il suo An Account of the Slave Trade on the Coast of Africa del 1788 sarebbe diventato un'importante influenza nell'abolizionismo:

Durante i viaggi che ho fatto, sono stato spesso testimone degli effetti fatali di questa esclusione dell'aria fresca. Darò un esempio, perché serve a dare un'idea, anche se molto debole, delle sofferenze di quegli esseri infelici che noi trasciniamo senza motivo dal loro paese natale e condanniamo al lavoro perpetuo e alla prigionia. A causa di un tempo umido e soffiante, gli oblò sono stati chiusi e le grate coperte, ne sono seguiti flussi e febbri tra i negri. Mentre erano in questa situazione, scendevo spesso in mezzo a loro, finché alla fine i loro appartamenti divennero così estremamente caldi da essere sopportabili solo per un breve periodo.

Ma il calore eccessivo non era l'unica cosa che rendeva la loro situazione intollerabile. Il ponte, cioè il pavimento delle loro stanze, era così coperto dal sangue e dal muco che era uscito da loro a causa del flusso, che assomigliava a un mattatoio. Non è in grado l'immaginazione umana di immaginare una situazione più spaventosa o disgustosa.

Molti degli schiavi sono svenuti e sono stati portati sul ponte, dove molti di loro sono morti e il resto è stato ripristinato con grande difficoltà. Anche a me è stato quasi fatale.

Il clima era troppo caldo per ammettere l'uso di qualsiasi indumento tranne una camicia, che mi ero tolto prima di scendere; nonostante ciò, rimanendo in mezzo a loro solo per circa un quarto d'ora, ero così sopraffatto dal calore, dal fetore e dall'aria ripugnante, che ero quasi svenuto; e non fu senza assistenza, che riuscii a salire sul ponte. La conseguenza fu che poco dopo mi ammalai dello stesso disturbo, dal quale non mi ripresi per diversi mesi.

I danesi vietarono la tratta degli schiavi nel 1803, seguiti dagli inglesi con lo Slave Trade Act del 25 marzo 1807. Tuttavia, secondo Thomas Clarkson, un importante abolizionista britannico, gli inglesi non sarebbero mai arrivati a tanto senza la rivoluzione americana:

Finché l'America era nostra, non c'era alcuna possibilità che un ministro avrebbe assistito ai gemiti dei figli e delle figlie dell'Africa, per quanto potesse sentire la loro angoscia.

Clarkson (1788): *An Essay on the Impolicy of the African Slave Trade*

Nel 1808, gli Stati Uniti introdussero un divieto sull'importazione di nuovi schiavi dall'Africa (Act Prohibiting Importation of Slaves). La vendita di schiavi nati all'interno degli Stati Uniti sarebbe rimasta possibile per un altro mezzo secolo.

Dopo il divieto britannico del commercio di schiavi, il commercio transatlantico di schiavi continuò comunque per diversi decenni, come una sorta di commercio furtivo, con il Brasile come destinazione principale. Fu solo quando la marina britannica cominciò a combattere questo commercio clandestino con pattugliamenti più acuti, a metà del XIX secolo, che questo cessò gradualmente.

Il ministro degli esteri britannico Lord Castlereagh negoziò la questione con i plenipotenziari di Portogallo e Spagna ai margini del Congresso di Vienna del 1815. Questo portò ad un trattato con il Portogallo in cui si concordò che nessun cittadino portoghese avrebbe più acquistato schiavi lungo la costa dell'Africa occidentale a nord dell'equatore. In cambio, la Gran Bretagna ripagò al Portogallo un debito di 600.000 sterline, il resto di un prestito contratto dal governo portoghese nel 1809. Nel 1833 la Gran Bretagna abolì ufficialmente la schiavitù con lo Slavery Abolition Act.

Alcuni paesi seguirono, spesso sotto la pressione britannica, ma dove l'importanza economica della schiavitù era ancora grande, ci fu una grande resistenza. Negli Stati Uniti, tanto da portare alla guerra civile americana (1861-65). Tuttavia, la meccanizzazione ridusse la scarsità di manodopera, mentre le ribellioni degli schiavi potevano essere un costo tale che la schiavitù divenne più costosa del lavoro salariato. In Africa, la schiavitù era effettivamente cresciuta dopo la fine del commercio transatlantico degli schiavi. Ironicamente, il successivo calo dei prezzi rese la schiavitù accessibile in Africa.

Williams portò una spiegazione alternativa. Non era una morale crescente, ma i fattori economici che sostenevano l'abolizione, proprio come avevano contribuito alla sua nascita. Dopo che il capitalismo aveva potuto svilupparsi in parte grazie alla schiavitù al punto che la rivoluzione industriale divenne possibile, quella stessa rivoluzione rese la schiavitù antieconomica. Proprio come il razzismo si intensificò con la crescita della schiavitù, la moralità aumentò quando la schiavitù divenne meno vantaggiosa economicamente. A proposito della storiografia coloniale allora prevalente, più tardi affermò:

Gli storici britannici hanno scritto quasi come se la Gran Bretagna avesse introdotto la schiavitù solo per la soddisfazione di abolirla. Hanno fatto un tale gioco della compensazione fornita dalla Gran Bretagna ai piantatori come cancellazione del debito nei confronti delle Indie Occidentali in relazione alla schiavitù che è difficile non vedere in questo atteggiamento, sviluppato e propagato per un secolo e un quarto, la spiegazione dell'atteggiamento del governo britannico sull'aiuto economico alle Indie Occidentali e sul trattamento preferenziale dell'industria dello zucchero delle Indie Occidentali.

Queste sono conclusioni politiche. Come tali sono una risposta legittima alle conclusioni politiche tratte dagli stessi storici britannici.

L'opportunità di abolire la schiavitù emerse fortemente durante il periodo illuminista, quando le nozioni di libertà, uguaglianza e diritti civili e umani stavano prendendo piede. Importanti pensatori su questo argomento furono Jean-Jacques Rousseau in Francia e Thomas Jefferson negli Stati Uniti.

Williams portò una spiegazione alternativa. Non era una morale crescente, ma i fattori economici che sostenevano l'abolizione, proprio come avevano contribuito alla sua nascita. Dopo che il capitalismo era stato in grado di svilupparsi in parte grazie alla schiavitù al punto che la rivoluzione industriale divenne possibile, quella stessa rivoluzione rese la schiavitù antieconomica. Proprio come il razzismo si intensificò con la crescita della schiavitù, la moralità aumentò quando la schiavitù divenne meno vantaggiosa economicamente. A proposito della storiografia coloniale allora prevalente, più tardi affermò:

Gli storici britannici hanno scritto quasi come se la Gran Bretagna avesse introdotto la schiavitù solo per la soddisfazione di abolirla. Hanno fatto un tale gioco della compensazione fornita dalla Gran Bretagna ai piantatori come cancellazione del debito verso le Indie Occidentali in relazione alla schiavitù che è difficile non vedere in questo atteggiamento, sviluppato e propagato per un secolo e un quarto, la spiegazione dell'atteggiamento del governo britannico sull'aiuto economico alle Indie Occidentali e sul trattamento preferenziale dell'industria dello zucchero delle Indie Occidentali.

Queste sono conclusioni politiche. Come tali sono una risposta legittima alle conclusioni politiche tratte dagli stessi storici britannici.

La trasformazione economica del capitalismo verso il lavoro salariato e lontano dal mercantilismo fu quindi un fattore di abbandono della schiavitù. Tuttavia, l'economia delle piantagioni rimase redditizia più a lungo di quanto molti storici abbiano ipotizzato, portando a una rinnovata enfasi sui motivi morali e ideologici all'inizio del XXI secolo. Nel processo, molta attenzione si è concentrata sulle rivolte degli schiavi come forza trainante dell'abolizione, e l'esempio più fantasioso è stato quello della colonia francese di Saint Domingue nel 1793. Questa rivoluzione haitiana, che non poteva essere contenuta dalla forza militare, portò alla messa fuori legge della schiavitù sull'isola.

Lo sviluppo oltremare fu il segnale per i rivoluzionari francesi di dare effetto ai loro ideali di libertà, uguaglianza e fraternità nel 1794, e al primo articolo della Dichiarazione dei diritti dell'uomo e del cittadino, mettendo fine alla schiavitù in tutti i territori sotto il dominio francese. Napoleone Bonaparte rovesciò il risultato nel 1802 nel tentativo di far contribuire le colonie alle guerre napoleoniche. Per contrastare questo piano, il Regno Unito vietò il commercio di schiavi nel 1807, come la Danimarca aveva fatto nel 1803. Anche gli Stati Uniti vietarono l'importazione e l'esportazione di schiavi nel 1808. I Paesi Bassi, la Francia e in parte il Portogallo seguirono l'esempio nel 1814-1815. In tutte queste potenze, il mantenimento degli schiavi rimase legittimo.

La questione dell'abolizione della tratta degli schiavi venne fuori indirettamente anche al Congresso di Vienna. Il ministro degli esteri britannico Lord Castlereagh (che aveva obiezioni morali) e lo zar Alessandro I la favorirono. I plenipotenziari di Spagna (Labrador) e Portogallo (Palmella) si opposero, sostenendo che la proibizione della tratta degli schiavi aveva effetti profondi sulle loro economie, rispettivamente a Cuba e in Brasile, che non potevano risparmiare gli schiavi come manodopera a basso costo. Palmella ha anche citato la questione che non era coperta dal diritto internazionale ed era una questione interna di ogni paese. Ha ricordato al Congresso che l'abolizione della tratta degli schiavi non era la questione in questione. Castlereagh ha poi sollevato l'idea di sanzioni commerciali sui beni prodotti dal lavoro degli schiavi. Questo portò ad alcune reazioni dispettose. La questione fu infine accantonata con solenni dichiarazioni che marchiavano il commercio di schiavi come ripugnante e immorale. Essi espressero il loro desiderio di sradicare il commercio di schiavi e promisero di perseguire questo obiettivo con zelo e perseveranza. L'impero spagnolo proibì il commercio di schiavi a partire dal 1820.

Iniziò una nuova fase in cui la stessa istituzione della schiavitù fu messa sotto pressione. La fine della schiavitù fu inclusa nella nuova costituzione che il Messico adottò nel 1824. L'impero britannico fece il passo nel 1833, dopo grandi rivolte in Giamaica e altrove. La controversa misura transitoria dell'"apprendistato" fu abolita nel 1838, rimuovendo l'ultima barriera formale alla libertà. Tuttavia, gli schiavi che non trovavano terra libera spesso rimanevano alle dipendenze dei loro ex proprietari. Nel 1848, la schiavitù reintrodotta nelle colonie francesi fu vietata e il Code Noir abolito.

Nel 1859, i Paesi Bassi abolirono la schiavitù nelle parti delle Indie Orientali amministrate direttamente. Un momento strategico del ministro delle colonie Jan Jacob Rochussen. Un anno dopo fu pubblicato l'atto d'accusa di Max Havelaar, Multatuli (Eduard Douwes Dekker) sulla politica olandese nelle Indie orientali olandesi.

Altri quattro anni dopo, nel 1863, i Paesi Bassi abolirono la schiavitù lucrativa nelle colonie delle Indie Occidentali (Suriname e Antille Olandesi). In Europa, i Paesi Bassi erano tra la metà dei paesi che avevano abolito la schiavitù. Danimarca, Regno Unito e Francia avevano preceduto i Paesi Bassi, ma paesi come Portogallo, Spagna, Italia, Islanda, Bulgaria e l'attuale Turchia seguirono l'esempio (molto) più tardi. A livello globale, i Paesi Bassi erano tra i paesi leader nell'abolizione della schiavitù.

(La targa ufficiale della Società britannica antischiavista)

Gli Stati Uniti uscirono con il Proclama di Emancipazione del presidente Lincoln nel settembre 1862, quando l'abolizione della schiavitù era diventata inevitabile come uno degli obiettivi della guerra durante la guerra civile americana. Il 1° gennaio 1863, l'abolizione entrò in vigore negli stati del nord. Gli scioperi generali degli schiavi contribuirono alla sconfitta del sud. Alla fine, Matilda McCrear fu l'ultima sopravvissuta quando morì nel 1940,[82] e gli Stati Uniti furono gli ultimi a farlo.

Portogallo e Spagna lo fecero ancora più tardi, sostenendo che le loro economie dipendevano dalla schiavitù. Nelle colonie portoghesi la fine ufficiale arrivò nel 1869 e in quelle spagnole nel 1886.

In Brasile nel 1888, durante l'assenza dell'imperatore Pedro, la principessa Isabella firma la Lei de Aurea che abolisce la schiavitù. Questo costerà a Pedro il suo trono.

La Convenzione di Bruxelles del 1890 criminalizzò il commercio di schiavi africani. Questo mise sotto i riflettori soprattutto il commercio di schiavi arabi. L'impero ottomano abolì la schiavitù nel 1890, ultimo paese in parte europeo, ma in alcuni luoghi il fenomeno continuò fino all'inizio del XX secolo.

In alcune parti dell'Africa e dell'Asia, tra cui la Liberia, l'Etiopia, l'Arabia, e le parti amministrate indirettamente delle Indie orientali olandesi, la schiavitù rimase legittima nel XX secolo; sull'isola di Sumbawa (oggi Sumbawa, Indonesia), gli schiavi furono liberati il 31 marzo 1910, e sull'isola di Samosir non fino al 1914. 83][84] In Etiopia la schiavitù fu abolita nel 1931, nel Bahrein nel 1937, nel Kuwait nel 1949, nel Qatar nel 1952 e nello Yemen nel 1962.

In quest'ultimo anno, il principe ereditario Faisal dell'Arabia Saudita liberò circa 100.000-200.000 schiavi dell'Africa orientale. Il colpo di stato del 1970 di Qaboes abolì la schiavitù anche in Oman. Nel 1981, la schiavitù fu ufficialmente abolita in Mauritania, rendendo la Mauritania l'ultimo stato schiavista al mondo. La schiavitù non è diventata punibile in Mauritania fino al 2007.

Trattati internazionali

Uno dei primi trattati internazionali per abolire la schiavitù in Africa fu la Convenzione di Bruxelles del 1890. Dopo la prima guerra mondiale, l'atto generale di Bruxelles fu adattato dalla Convenzione di Saint-Germain-en-Laye (1919) e poi sostituito dalla Convenzione internazionale sulla schiavitù (1926) nel quadro della Società delle Nazioni. Questa convenzione è stata completata nel 1956 dalla Convenzione supplementare sull'abolizione della schiavitù, sotto le Nazioni Unite.

Inoltre, esistono diversi trattati sui diritti umani che contrastano direttamente o indirettamente le forme di schiavitù o di sfruttamento estremo. Nel diritto del lavoro, all'interno dell'Organizzazione Internazionale del Lavoro si applica la Convenzione sul lavoro forzato o obbligatorio del 1930 (n.29), integrata nel 2014 da un protocollo modificato.

L'articolo 4 della Dichiarazione Universale dei Diritti Umani del 1948 afferma che nessuno può essere tenuto in schiavitù o in servitù e che la schiavitù e la tratta degli schiavi sono proibite in tutte le forme.

L'emergere di una legislazione di applicazione generale, anche sulla schiavitù, insieme all'idea di libertà, avrebbe portato nei secoli allo sviluppo del principio di uguaglianza e quindi alle richieste di abolizione della schiavitù. Un'affermazione importante formava già i preamboli della Dichiarazione d'Indipendenza americana e della Costituzione degli Stati Uniti.

Capitolo 7: Le statistiche della tratta transatlantica degli schiavi

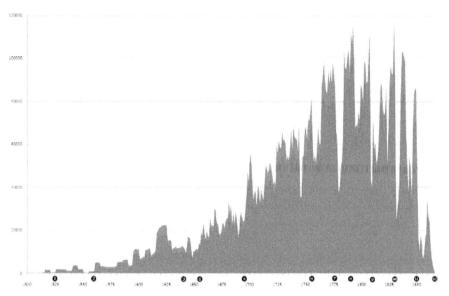

(Il numero stimato di schiavi spediti durante il periodo 1525 - 1867)

Così, i cacciatori di schiavi per lo più africani riuscirono a schiavizzare milioni di persone nel corso dei secoli. Molti morirono prima di poter essere venduti per il trasporto, ma tra gli undici e i quattordici milioni furono spediti nelle Americhe. Il maggior numero andò in Brasile e nei Caraibi, circa il 40% ciascuno, mentre circa il 5% finì negli Stati Uniti.

Fino al 1600, circa un quarto degli schiavi lasciava l'Africa attraverso la tratta atlantica, mentre il resto lasciava il continente attraverso i porti del Sahara e del Mar Rosso. In seguito, la rotta attraverso l'Oceano Atlantico divenne più grande di quella dell'Africa settentrionale e orientale. Nel 1700, gli schiavi erano addirittura il principale prodotto di esportazione dell'Africa.

I portoghesi hanno imparato presto a usare i venti e le correnti marine, chiamate volta do mar. Sia nell'emisfero settentrionale che in quello meridionale c'è un gyre, una circolazione principale o circuito di correnti marine.

Vicino al Brasile si trova il giro dell'Atlantico meridionale che rendeva favorevole la rotta verso l'Angola. La stragrande maggioranza degli schiavi per il Brasile proveniva quindi da lì con Luanda come porto principale, ma anche dalla Baia del Benin con Ouidah come porto principale e dall'Africa sudorientale e gli schiavi venivano presi.

Gli schiavi destinati ai Caraibi e all'America del Nord venivano presi principalmente dall'Africa occidentale attraverso il giro dell'Atlantico del Nord, specialmente dalle baie del Benin e del Biafra e dalla Costa d'Oro.

Stime delle statistiche sulla tratta degli schiavi

Dove mancano gli archivi sui viaggi delle navi, le stime di solito non sono altro che stime di natura spesso speculativa, così come, per inciso, le stime sullo sviluppo della popolazione mondiale sono speculative in assenza di censimenti. Le stime più accurate della tratta transatlantica degli schiavi sono quelle del database Voyages della Emory University, che combina i dati di diversi archivi nazionali. Tuttavia, anche questo approccio ha i suoi problemi in quanto i diversi paesi usavano ciascuno un sistema separato, così che una nave che arrivava in una giurisdizione diversa da quella da cui era partita a volte aveva a bordo più persone di quelle con cui era partita.

Le stime del commercio attraverso il Sahara, il Mar Rosso e l'Oceano Indiano sono molto più imprecise. Queste stime si basano principalmente sul lavoro di Austen. Nel suo ultimo lavoro, egli assume circa dieci milioni di persone per il periodo 800-1900. Le stime di prima del 1600 sono particolarmente imprecise e possono variare da due terzi al doppio di quel numero. Solo i numeri del diciannovesimo secolo sono in qualche modo affidabili, ma non ancora del livello dei dati sulla tratta transatlantica degli schiavi. Il numero di schiavi in Africa è altamente speculativo, con Manning che arriva a una cifra di circa otto milioni.

Una prima stima del numero di persone che fecero la traversata forzata dall'Africa fu quella di un totale di poco meno di quattordici milioni di Dunbar nella sua History of the Rise and Decline of Commercial Slavery in America del 1863. Un lavoro influente fu quello di Kuczynski, che nel 1936 arrivò a quasi quindici milioni di persone.

Tuttavia, si era basato su Du Bois, che a sua volta si era basato sullo sconosciuto Dunbar nella sua opera The Negro del 1915, ma aveva arrotondato. Lo stesso Du Bois fissò il limite inferiore a dieci milioni. Anche se si trattava di stime molto approssimative e non comprovate, nonostante le critiche questo intervallo si è dimostrato in linea con i lavori successivi. Lo stesso non vale per il numero di persone che sarebbero morte durante il viaggio, dove Du Bois assunse cinque su sei e arrivò così a sessanta milioni di persone che erano state portate fuori dall'Africa.

Curtin era molto critico sul modo facile in cui la cifra di quindici milioni aveva preso una vita propria, con gli storici che si citavano a vicenda, così che le origini di Dunbar erano diventate completamente poco chiare. Il lavoro di Curtin del 1969 fu un impulso importante per arrivare a una buona stima del numero di schiavi che fecero la traversata. La sua stima di 9,566 milioni di schiavi fu considerata troppo bassa da Inikori, che arrivò a circa 15,4 milioni di persone. Molti scienziati, tra cui Lovejoy nel 1982, hanno perfezionato questa stima nel corso degli anni.

Nel corso degli anni, sono emersi diversi tipi di serie di dati sui viaggi degli schiavi, per lo più basati su un singolo paese o porto. Per caso, David Eltis e Stephen Behrendt si sono incontrati nel 1990 al Public Record Office mentre facevano ricerche indipendenti sul commercio di schiavi britannico. Fu lì che nacque l'idea di combinare i database. Negli anni seguenti, i dati furono standardizzati e riconciliati, e nel 1999 fu rilasciato un CD-ROM contenente 27.233 viaggi. Negli anni successivi, il database è stato ulteriormente ampliato, soprattutto con i viaggi dall'America Latina che ancora mancavano. Nel 2006 questo divenne disponibile online tramite Voyages: The Trans-Atlantic Slave Trade Database alla Emory University. Questo database ora contiene quasi 36.000 viaggi di schiavi. Le stime sul numero di persone che furono catturate e morirono prima della traversata sono molto meno accurate.

Tassi di mortalità della tratta degli schiavi

In media, circa il 15% degli schiavi moriva durante il viaggio, ma questo variava molto a seconda della regione dell'Africa, della stagione e del numero di schiavi a bordo. Le malattie gastroenterologiche come la dissenteria erano la causa principale, seguita dalla febbre. Anche se gli schiavi non erano a buon mercato ed era quindi gratificante per i commercianti di schiavi farli attraversare vivi, durante il passaggio intermedio morirono più dei membri dell'equipaggio. Dopo il 1790, il tasso di mortalità sulle navi britanniche diminuì bruscamente, probabilmente a causa del Dolben's Act del 1788 che pose dei limiti al numero di schiavi che potevano essere presi.

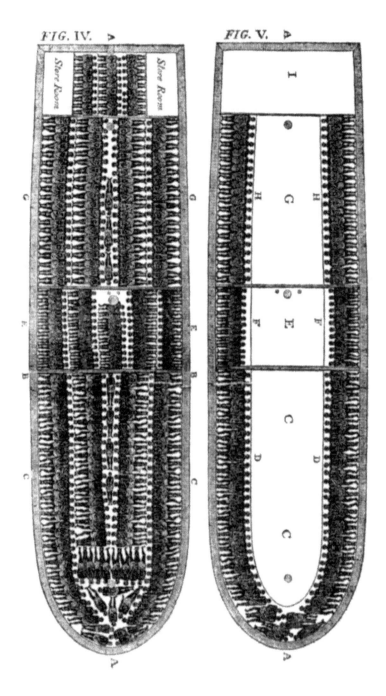

(Disegno schematico di una nave di schiavi usata durante questo periodo)

Mentre il tasso medio di morte per l'equipaggio del passaggio intermedio era inferiore a quello degli schiavi, per tutto il triangolo il tasso era più alto anche per l'equipaggio, per lo più maltrattato e non sempre volontario. Questo era il risultato del viaggio più lungo con il viaggio dall'Europa all'Africa, il soggiorno lì, il passaggio intermedio e il viaggio dall'America all'Europa. Questo poteva variare molto a seconda della destinazione in Africa, con il tasso di mortalità dei viaggi verso il fiume Gambia che era notevolmente più alto di quelli verso la Costa d'Oro, mentre il tasso di mortalità aumentava anche durante la stagione delle piogge. La febbre gialla e la malaria erano le principali cause di morte.

La maggior parte dell'equipaggio morì durante il viaggio costiero e durante la traversata verso l'America, ma anche quando vi arrivarono un numero considerevole morì. Il chirurgo era più a rischio a causa del suo contatto diretto sia con gli schiavi che con l'equipaggio. Secondo Thomas Clarkson, una nave perdeva circa il 20-25% del suo equipaggio durante l'intero viaggio.

Anno internazionale delle persone di origine africana

Le Nazioni Unite (ONU) hanno proclamato l'anno 2011 come "Anno internazionale delle persone di origine africana". Così facendo, l'ONU ha voluto focalizzare l'attenzione sulla diaspora africana. L'ONU vuole anche usare la dichiarazione per forzare gli stati membri a fare un po' di auto-esame riguardo alla Dichiarazione e Piano d'Azione di Durban (DDPA). Questo è stato deciso alla Conferenza mondiale contro il razzismo (WCAR) a Durban, Sudafrica, nel 2001. In quella conferenza è stato riconosciuto che la schiavitù e la tratta degli schiavi sono e dovrebbero essere sempre stati crimini contro l'umanità.

Capitolo 8: La tragedia del Congo belga

A partire dal 1870, l'interno del Congo fu esplorato per la prima volta dagli europei, come David Livingstone. L'esploratore americano gallese Henry Morton Stanley andò alla sua ricerca e mappò la zona per la prima volta. Il re Leopoldo II del Belgio lo impiegò per realizzare le sue ambizioni coloniali. Dalla costa occidentale, Stanley occupò il territorio stabilendo postazioni per il Comité d'études du Haut-Congo e l'Association internationale du Congo. Nel 1885, il territorio fu concesso a Leopoldo II alla Conferenza di Berlino. Egli regnò come re-sovrano su questo Stato Libero del Congo, dove instaurò un regno di terrore. Il commercio carovaniero swahilo-arabo di schiavi e avorio fu preso con la forza delle armi e la schiavitù fu largamente sostituita dal lavoro forzato. Finanziariamente, la colonia in perdita si mantenne a galla grazie ai prestiti dello stato belga. Dal 1895, lo stato del Congo portò una fortuna al monarca grazie all'esportazione di gomma per le nuove biciclette e automobili. Gran parte del denaro Leopoldo lo utilizzò per prestigiosi edifici a Bruxelles, Ostenda, Tervuren e Anversa. Nel frattempo, i congolesi venivano sfruttati. Tra il 1885 e il 1908, milioni di persone morirono di fame, malattie e violenza.

Crimini nel Congo belga

La gomma divenne il principale prodotto di esportazione. Per aumentare la produttività, fu introdotta una tassa sulla gomma. La gomma spremuta (lattice) doveva essere consegnata nei posti di scambio per soddisfare le tasse. Questo creò una forma di lavoro forzato in quanto le aziende divennero sempre più dipendenti dal lavoro congolese per l'estrazione della gomma.

Lo stato reclutò un certo numero di funzionari neri, conosciuti come capitas, per organizzare il lavoro locale. Il desiderio di massimizzare l'estrazione della gomma, e quindi i profitti dello stato, significava che i requisiti imposti a livello centrale erano spesso arbitrari senza tener conto dei numeri o del benessere delle persone. Nelle aree in concessione, i concessionari potevano usare quasi tutte le misure che volevano per aumentare la produzione e i profitti senza interferenze statali. La mancanza di un governo che supervisionasse i metodi commerciali portò ad un'atmosfera di "informalità" in tutto lo Stato Libero, che provocava sfruttamento e maltrattamenti. Il trattamento dei lavoratori (in particolare la durata del lavoro) non era regolato dalla legge ed era invece lasciato alla discrezione dei funzionari sul posto. L'ABIR e l'Anversoise erano particolarmente noti per la durezza con cui i funzionari trattavano i lavoratori congolesi.

Le persone che si rifiutavano di spillare la gomma (lattice) erano costrette ad andarsene. Gli insorti venivano picchiati o frustati con la chicotte. La gente veniva presa in ostaggio per incoraggiare la gente ad accelerare l'estrazione della gomma e venivano fatte spedizioni punitive per distruggere i villaggi che non cooperavano. Questa politica portò alla scomparsa della vita economica e culturale congolese, e l'agricoltura locale fu messa sotto pressione in alcune zone.

L'applicazione era principalmente nelle mani della Force Publique, l'esercito coloniale. La Forza era stata istituita nel 1885, con ufficiali e sottufficiali bianchi e soldati neri, e reclutati da Zanzibar, Nigeria e Liberia, tra gli altri. In Congo, l'esercito reclutava da specifici gruppi etnici e strati della popolazione, compresi i Bangala. I cosiddetti Zappo-Zaps (dell'etnia Songye) erano i più temuti. Gli Zappo-Zaps abusavano della loro posizione facendo razzie nelle campagne e schiavizzando la gente. Nel 1900 la Force Publique contava 19.000 uomini.

La tassa sulla gomma e il violento sfruttamento della popolazione che l'ha accompagnata hanno avuto origine con l'instaurazione del regime di concessione nel 1891 e sono durati fino al 1906 quando il sistema di concessione è stato ridotto. Al suo apice, ha avuto luogo principalmente nelle regioni di Équateur, Bandundu e Kasai.

(Schiavi congolesi della produzione di lattice)

Il mancato rispetto delle quote di gomma era duramente punito. Oltre all'imprigionamento e alla presa di ostaggi, la punizione poteva assumere anche la forma di violenza fisica, per esempio frustate con la chicotte, bruciature con la gomma, o la morte.

Nel frattempo, la Force Publique doveva fornire le mani delle loro vittime come prova quando avevano sparato e ucciso qualcuno, poiché si credeva che altrimenti avrebbero usato le munizioni (importate dall'Europa a costi considerevoli) per la caccia. Di conseguenza, le quote di gomma venivano parzialmente ripagate in mani mozzate. A volte le mani venivano raccolte dai soldati della Force Publique, a volte dai villaggi stessi. Ci sono state anche piccole guerre in cui i villaggi hanno attaccato i villaggi vicini per raccogliere le mani perché le loro quote di gomma erano troppo irrealistiche da soddisfare.

In teoria, ogni mano destra risultava essere un'uccisione. In pratica, i soldati a volte imbrogliavano semplicemente tagliando la mano e lasciando la vittima per morta. Diversi sopravvissuti in seguito hanno detto di essere sopravvissuti ad un massacro comportandosi da morti, non muovendosi anche quando le loro mani venivano tagliate, e aspettando che i soldati se ne andassero prima di cercare aiuto. In alcuni casi, un soldato poteva abbreviare il suo giro di servizio prendendo più mani degli altri soldati, portando a diffuse mutilazioni di persone.

Questo abuso fu denunciato in quella che è stata chiamata la prima campagna umanitaria internazionale. Era guidata da missionari protestanti e dall'Associazione per la riforma del Congo del giornalista britannico Edmund Dene Morel.

Anche lo scrittore Mark Twain e altre figure di spicco parlarono. Nel frattempo, la pressione sul re crebbe all'interno del parlamento belga e nei circoli accademici. Il rapporto del diplomatico britannico Roger Casement portò alla creazione della Commissione Janssens, che confermò ampiamente le accuse.

Poco dopo, Leopoldo cedette alla pressione. Dopo lunghi dibattiti, il Belgio annesse il territorio e prese in consegna la colonia dal re a partire dal 1908. La carta coloniale conferiva il potere legislativo al re soggetto alla controfirma del ministro delle colonie. Sul terreno, il potere era esercitato dal governatore generale.

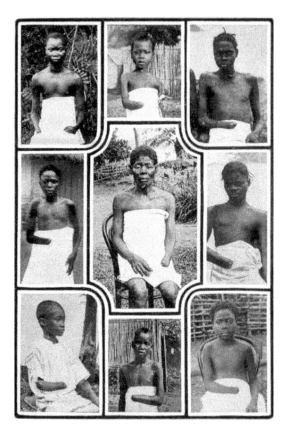

(vittime del regime belga del Congo)

Il paese era ora chiamato Congo Belga. Il lavoro forzato diminuì (ma non si fermò), il governo migliorò e in alcune aree si realizzò il progresso.

I congolesi potevano ricevere istruzione e cure mediche, ma all'interno di un sistema di segregazione razziale. Inoltre, fu perseguita una politica che escludeva i neri dall'istruzione superiore per paura del suo effetto emancipatore. I governanti coloniali bianchi generalmente mostravano un atteggiamento condiscendente e paternalistico nei confronti della popolazione indigena, che dava origine a risentimenti. Il 9 dicembre 1941, i minatori che lavoravano alla Union Minière scioperarono per ottenere migliori condizioni di lavoro. Molti scioperanti furono massacrati con salve di mitra e gettati in una fossa comune. Questa repressione, avvenuta durante la seconda guerra mondiale, è stata sempre taciuta in Belgio. Durante la seconda guerra mondiale, l'esercito congolese ottenne vittorie contro gli italiani in Etiopia.

Negli anni '50, un gruppo di évolués fece qualche passo avanti. Il loro numero fu stimato dall'amministrazione nel 1958 a 175.000. Erano congolesi che, dopo i controlli, furono trovati ad aver assimilato sufficientemente la cultura belga. Godevano di uno status migliore degli altri congolesi. Nel 1954 fu aperta l'università di Lovanium. In un contesto di decolonizzazione internazionale, sempre più congolesi cominciarono a mettere in discussione il regime belga. Una crisi economica nel 1959 contribuì allo scoppio di rivolte.

Capitolo 1: Schiavitù coloniale e post-coloniale

Quindi, per fare un rapido riassunto di quelli che furono gli eventi che portarono alla schiavitù in America.

Nella parte precedente, abbiamo esaminato gli eventi della storia della tratta transatlantica degli schiavi. Durante la tratta transatlantica degli schiavi, gli africani, prevalemente neri, furono trasportati in Nord e Sud America. I capi neri locali in Africa offrivano gli schiavi, che li rendevano schiavi in numerosi conflitti tra l'altro. Invece di costringere questi schiavi a sudare fino alla morte, ucciderli cerimonialmente o venderli ai commercianti arabi, era più redditizio venderli agli europei. 2.000 schiavi venivano portati ogni anno nelle Americhe da Elmina, Ghana.

Lì lavoravano nelle piantagioni. La schiavitù esisteva in Africa prima dell'arrivo degli europei, ma fu praticata su una scala molto più grande dopo, come spiegato nella parte precedente di questo libro sulla tratta transatlantica degli schiavi.

La tratta degli schiavi tra l'Africa e il Brasile iniziò intorno al 1550. Si stima che 3 milioni di persone, o il 37% di tutti gli schiavi del mondo, finirono in questo paese. I portoghesi, e più tardi i brasiliani, hanno sfruttato gli schiavi neri nel settore minerario (dell'oro), in particolare nelle fattorie di canna da zucchero, dopo la loro indipendenza nel 1822. La schiavitù fu gradualmente abolita tra il 1850 e il 1888 a seguito delle proteste degli intellettuali brasiliani e delle pressioni diplomatiche del Regno Unito (che vedeva una forte concorrenza economica nel lavoro schiavistico a basso costo, ma condannava anche la schiavitù per motivi umanitari).

Nel processo, le persone di colore furono disumanizzate, ridicolizzate e considerate inferiori e animalesche. Nel commercio transatlantico degli schiavi, la disumanizzazione era una componente cruciale. Inizialmente, la giustificazione per questo fu cercata nella Bibbia, dove, tra gli altri luoghi, i discendenti di Cham sono maledetti alla schiavitù in Genesi 9 (Martin Lutero pensava che Cham fosse l'origine di tutte le persone di colore). Più tardi, tuttavia, la giustificazione fu trovata per lo più ritraendo le vittime come inferiori e selvaggi, contribuendo notevolmente all'aumento del razzismo.

Alcuni gruppi cristiani protestanti, in particolare i quaccheri e i mennoniti, furono tra i primi in Europa ad opporsi alla schiavitù, in particolare alla tratta degli schiavi, nel XVII secolo. Il Pietismo e l'Illuminismo alimentarono il movimento antischiavista nel XVIII secolo. La schiavitù fu mantenuta in diverse colonie europee in Nord e Sud America che ottennero l'indipendenza dai loro paesi d'origine europei tra il 1770 e il 1900, guidate da coloni europei. Questo non fu il caso delle colonie che ottennero l'indipendenza sotto una guida non coloniale, come Haiti, dove una ribellione di schiavi neri (1791-1804) ebbe come risultato la simultanea decolonizzazione e abolizione della schiavitù.

Dalla fine del XVIII secolo, l'abolizionismo, o sentimento antischiavista, crebbe nei paesi europei e nelle loro ex-colonie americane: in primo luogo, il mantenimento degli schiavi (non europei) fu messo fuori legge in Europa, anche se questa proibizione fu raramente applicata. La schiavitù fu abolita dai rivoluzionari francesi nel 1794, ma fu ripristinata otto anni dopo. Dopo le guerre napoleoniche, il Regno Unito mise fuori legge il commercio di schiavi, e altri governi europei e (ex) colonie seguirono l'esempio. La schiavitù fu perpetuata nell'Impero britannico fino al 1833, nei Paesi Bassi fino al 1863 e negli Stati Uniti fino al 1865, anche senza la tratta degli schiavi.

A causa del razzismo e delle grandi somme di denaro coinvolte in entrambi, l'opposizione all'abolizione della tratta degli schiavi e della schiavitù era forte. Quasi tutti i governi compensavano gli ex proprietari di schiavi quando questi venivano liberati. In questo senso, gli Stati Uniti sono un'eccezione. Gli schiavi non ricevettero alcun compenso e furono spesso costretti a lavorare dopo l'abolizione della schiavitù.

Il commercio degli schiavi e la schiavitù, secondo lo storico Williams, hanno contribuito alla prosperità e alla crescita europea. Nel suo libro del 1944 Capitalism and Slavery sostenne che la schiavitù contribuì significativamente al primo capitalismo e finanziò la rivoluzione industriale. Williams ha anche confutato la credenza popolare dell'epoca che l'abolizionismo fosse in gran parte motivato da ragioni umanitarie.

Per esempio, sosteneva che se Pitt avesse conquistato Saint-Domingue, avrebbe evitato l'abolizione poiché Saint-Domingue, dove erano necessari 40.000 schiavi ogni anno per tenere a galla i campi di canna da zucchero, sarebbe stata inutile senza di loro. Qui formulò la tesi di Williams, ovvero la necessità economica della schiavitù per permettere la rivoluzione industriale, che avrebbe poi reso la schiavitù non redditizia.

Il capitalismo commerciale del XVIII secolo ha sviluppato la ricchezza dell'Europa per mezzo della schiavitù e del monopolio. Ma così facendo ha contribuito a creare il capitalismo industriale del XIX secolo, che ha rovesciato e distrutto il potere del capitalismo commerciale, la schiavitù e tutte le sue opere. Senza una comprensione di questi cambiamenti economici la storia del periodo non ha senso.

In seguito, quella stessa rivoluzione e il conseguente capitalismo industriale resero la schiavitù obsoleta. Questa tesi di Williams è diventata in seguito oggetto di molti dibattiti, ma sembrano esserci forti indicazioni che la tesi possa non reggere nella sua interezza, ma almeno in aspetti importanti. È stato argomentato contro la tesi che l'importanza economica e la redditività del commercio di schiavi era minima per l'Europa.

Tuttavia, questo lascia da parte il fatto che la schiavitù è stata molto importante nel rendere possibile la colonizzazione delle Americhe e quindi ha messo in moto uno sviluppo dell'espansione europea abbinato allo sviluppo di nuovi strumenti finanziari. Fu anche Williams a sostenere che il razzismo derivava principalmente dalla schiavitù attraverso il bisogno di giustificazione e la disumanizzazione che la precedeva.

Capitolo 2: Schiavi in un nuovo mondo

Quello che molte persone potrebbero non sapere è che gli schiavi nelle Americhe provenivano da molte culture e razze diverse. Per dare una buona prospettiva al pre-fatto della storia afro-americana, dobbiamo dare un breve sguardo a ciò che è successo durante quel periodo di tempo.

Schiavi bianchi

Tra il 1512 e il 1693, gli schiavi bianchi e le donne schiavizzate furono spesso portati nei Caraibi, prima dagli spagnoli e poi da altri. Tra il 1654 e il 1685, circa 10.000 servi assunti, lavoratori obbligati per contratto, lasciarono Bristol per le Indie Occidentali e la Virginia. Alcuni vennero volontariamente; altri erano stati rapiti per le strade di Londra e Bristol. Più tardi, criminali furono portati dall'Inghilterra alle Indie Occidentali come lavoratori forzati. Le colonie francesi avevano degli engagés. Gli Stati d'Olanda decisero nel 1684 di mandare i criminali della provincia d'Olanda a De West (Suriname) invece di rinchiuderli in case disciplinari.

Nativi americani

Durante la colonizzazione delle Americhe, gli spagnoli entrarono in guerra con una serie di potenti civiltà, e uno dei mezzi per sottometterle fu quello di costringere i conquistati al lavoro schiavistico. I rapporti di Bartolomé de las Casas, monaco domenicano e storico, sulla condizione disumana degli schiavi trovarono una certa risonanza presso la casa reale spagnola. Ma soprattutto, l'allarmante decimazione della popolazione nativa portò alla promulgazione di leggi reali per proteggere la popolazione indigena. I proprietari di piantagioni si rivolsero sempre più all'Africa per gli schiavi.

Nella colonia spagnola di Santo Domingo (più tardi la capitale della Repubblica Dominicana) il governatore Ovando (dal 1502) obbligò gli indiani a lavorare nelle piantagioni di canna da zucchero e nel lavaggio dell'oro. Il fatto che migliaia di indiani morissero nel processo lo lasciò indifferente. Ogni piantatore riceveva il numero di indiani necessari alla sua agricoltura e al lavaggio dell'oro.

Questa divisione del lavoro, chiamata repartimiento, si è rivelata negativa per gli indiani. Erano costretti dai loro padroni a fare un lavoro molto duro, durante il quale veniva loro negato il cibo necessario. Se cercavano di sfuggire al loro destino fuggendo sulle montagne, venivano inseguiti dai segugi. Se venivano catturati, li aspettava una punizione terribile. Dovevano lavorare incatenati come schiavi. Per questo dovevano sopportare la necessaria fustigazione. Qua e là gli oppressi osavano resistere. Furono puniti estremamente severamente per questo. I capi della ribellione morirono sotto le torture più orribili e i loro subordinati furono costretti a fare i lavori più duri. Molti indiani morirono di fame e miseria. Ma un numero considerevole si tolse anche la vita.

Asiatici

C'erano anche schiavi a Batavia, nel XVIII secolo anche più del 60% della popolazione. Questi erano stati portati a migliaia dall'India e dall'Arakan (Birmania), e più tardi anche da Bali e Celebes. Tuttavia, per evitare ribellioni, a nessun giavanese fu permesso di essere ridotto in schiavitù.

Africani

Intorno al 1660, negli Stati Uniti emerse una carenza di manodopera. Gli agricoltori della Nuova Carolina e della Virginia furono i primi a iniziare a usare schiavi africani per il raccolto del tabacco. La Virginia fu anche il primo stato a cambiare le proprie leggi: i neri che non erano cristiani in patria erano considerati schiavi. Si iniziò a importare schiavi dall'Africa su larga scala. I capi tribù neri avevano scoperto che era redditizio non uccidere i prigionieri catturati in una guerra tribale, come era consuetudine all'epoca, ma offrirli in vendita ad un buon prezzo.

Gli schiavi erano usati principalmente nella coltivazione e nella lavorazione della canna da zucchero. La vita di questi schiavi era molto dura. Erano tenuti sotto il loro controllo con un regime di terrore. Il tasso di morte nelle piantagioni generalmente superava significativamente il tasso di nascita.

Quando gli inglesi, gli olandesi e i francesi presero possesso di gran parte delle isole dei Caraibi e delle Guiane nel XVII secolo, iniziarono anche a stabilirvi piantagioni di canna da zucchero, utilizzando schiavi neri. Le condizioni di vita nelle piantagioni non erano generalmente migliori che negli Stati Uniti.

Tra il 1500 e il 1850 circa, circa 11 milioni di africani furono trasportati attraverso l'Atlantico come schiavi. In media, circa il 15% degli schiavi morì durante il trasporto, come le morti degli equipaggi. Con circa 550.000 schiavi, i Paesi Bassi rappresentavano il 5% del totale del commercio transatlantico di schiavi.

Nel XVIII secolo la schiavitù cominciò a svilupparsi anche nelle colonie inglesi lungo la costa del Nord America, la costa orientale dei successivi Stati Uniti. Qui il tasso di mortalità tra gli schiavi era generalmente inferiore a quello delle nascite, forse a causa di un trattamento leggermente migliore, o per il clima meno tropicale, che rendeva più facile il controllo delle malattie. Anche qui le condizioni di vita degli schiavi neri non erano veramente buone.

Gli schiavi fuggiti fondarono comunità in luoghi inaccessibili. Tali comunità Maroon sorsero in molti luoghi, dall'Amazzonia agli stati americani della Florida e della Carolina del Nord. Molte volte i Maroon hanno condotto una guerriglia contro i proprietari delle piantagioni.

Capitolo 3: Gli Stati Uniti

Dopo che le tredici colonie della costa orientale del Nord America si liberarono dal dominio britannico durante la guerra d'indipendenza americana (1775-1783), la schiavitù fu mantenuta negli Stati Uniti. Diversi presidenti come Washington, Jefferson, Madison, Monroe, Jackson, Tyler, Polk e Taylor tennero essi stessi degli schiavi nelle loro tenute, talvolta estese, durante le loro presidenze. Tuttavia, la discrepanza tra questa libertà degli ex-coloni bianchi e la negazione dello stesso diritto ai loro compagni di colore fu sempre più sentita, e il movimento abolizionista americano prese presto piede (la parola stessa abolizionismo risale al 1787). Nel 1804, i vari stati del nord avevano abolito la schiavitù. Il 1° gennaio 1808, ci fu un divieto a livello nazionale del commercio di schiavi dall'Africa. Insieme al Regno Unito, gli Stati Uniti stabilirono un controllo sul contrabbando di schiavi nel 1814.

Negli Stati del Sud gli schiavi lavoravano nella coltivazione della canna da zucchero e nelle piantagioni di cotone e tabacco. Questi fornivano il cotone per l'industria tessile inglese e alcuni desideravano anche poter mantenere gli schiavi nelle piantagioni nei nuovi stati bonificati. Dalla fine del XVIII secolo, le proteste contro la schiavitù aumentarono. L'Act Prohibiting Importation of Slaves proibì l'importazione di nuovi schiavi dall'Africa dal 1808. La vendita di schiavi nati negli Stati Uniti era ancora possibile. I proprietari di schiavi dovevano quindi spesso fare affidamento sulla crescita naturale del loro bestiame e costringevano le donne a partorire. Nel 1819, un regolamento assicurò che gli stati a nord di 36°30' di latitudine non erano più autorizzati a tenere schiavi. Gli stati a sud di questa latitudine erano ancora autorizzati a farlo. A partire dal 1830, la rivista Liberator apparve nel Nord degli Stati Uniti con la propaganda per l'abolizionismo, l'obiettivo di abolire la schiavitù. Ciò fece saltare i nervi ai sudisti a tal punto che essi diedero la caccia agli abolizionisti e bruciarono i loro scritti. Gli stati del Nord erano obbligati dalle leggi federali a consegnare gli schiavi fuggiti e a permettere ai cacciatori di taglie di rintracciare gli schiavi fuggiti.

Inoltre, i cittadini di colore scuro della pelle venivano regolarmente rapiti e venduti negli stati schiavisti. L'ideologia bloccava anche tutte le opzioni politiche; nessuno voleva mettere le mani sul problema. L'impero britannico abolì la schiavitù nel 1833 dopo le critiche provenienti sia da ambienti religiosi che economici. Per esempio, Adam Smith sosteneva che un lavoratore libero era più produttivo di uno schiavo e che gli imprenditori con gli schiavi non innovavano. La schiavitù non era più diffusa nel Nord entro il 1860 perché il sistema non si dimostrava più resistente alla mancanza di rendimenti.

Anche il Nord trovava la schiavitù sempre più moralmente discutibile. I quaccheri crearono l'Underground Railroad per aiutare i fuggitivi. Questa rete segreta di fuga usava un linguaggio in codice dal gergo ferroviario. Un "conduttore" era un aiutante sulla strada e una "stazione" un luogo sicuro. Gli schiavi viaggiavano soprattutto di notte e in barca perché le possibilità di essere catturati erano minori sui fiumi. I cacciatori di taglie li inseguivano come segugi lungo centinaia di miglia di vie di fuga che di solito correvano a nord-ovest verso gli stati liberi. A coloro che fuggivano verso nord veniva consigliato di seguire la Stella Polare. La ferrovia portò a disaccordi e compromessi politici. Nel 1850, la "Fugitive Slave Law" rese l'aiuto ai fuggitivi un reato penale e divenne addirittura obbligatorio rimandarli indietro, anche negli stati del nord. Ciononostante, la ferrovia continuò ad esistere, con grande fastidio del Sud.

La ferrovia sotterranea

L'Underground Railroad era una rete clandestina di vie di contrabbando (spesso ad hoc) negli Stati Uniti attraverso la quale gli schiavi in fuga potevano lasciare gli stati del sud degli Stati Uniti e cercare un rifugio sicuro negli stati del nord che proteggevano gli schiavi in fuga, o in Canada.

Sfondo politico

La ferrovia fu una fonte di grande risentimento tra il Nord e il Sud degli Stati Uniti.

Molti nordisti simpatizzavano con coloro che aiutavano a portare in salvo gli schiavi in fuga. I sudisti chiesero per anni la promulgazione di leggi radicali per rendere obbligatoria la cattura degli schiavi fuggitivi. Nel 1850 il Congresso approvò tali leggi. Questo impedì agli ex schiavi di rimanere negli Stati Uniti ed eliminò tutte le vie ferroviarie che non andavano in Canada.

(illustrazione degli schiavi liberati che corrono in Canada)

Operazione

L'Underground Railroad consisteva in nascondigli e altre strutture di proprietà di simpatizzanti del movimento abolizionista. Funzionava come molti movimenti di resistenza su larga scala: con molte cellule sciolte che sapevano poco delle altre cellule e in realtà conoscevano solo alcune delle loro "cellule vicine". Gli schiavi in fuga viaggiavano da una stazione all'altra, raggiungendo il nord in diverse tappe. I principali impiegati della Ferrovia erano ex schiavi oltre a quaccheri (membri della Società degli Amici) e membri della Chiesa Metodista Wesleyana (un movimento metodista del protestantesimo), che avevano un'avversione religiosa alla schiavitù.

La principale destinazione finale degli schiavi fuggitivi sulla ferrovia era lo stato canadese meridionale dell'Ontario intorno alla penisola del Niagara e la città di Windsor. Circa 30.000 persone fuggirono con successo in Canada. Questo portò ad un significativo aumento della popolazione nelle colonie canadesi ancora scarsamente popolate e questi coloni formarono la base dell'attuale popolazione nera dell'Ontario.

L'Underground Railroad cessò di esistere dopo lo scoppio della guerra civile americana nel 1861.

Il raid di John Brown

Il 16 ottobre 1859, l'abolizionista radicale John Brown guidò un'incursione nell'arsenale: sperava di catturare armi da usare per armare gli schiavi nel Sud e scatenare così una ribellione. I marines sotto il comando del colonnello Robert E. Lee aiutarono la milizia locale a sopraffare Brown e i suoi uomini. Brown fu processato dallo stato della Virginia per alto tradimento, condannato a morte e impiccato nella vicina Charles Town.

Il violento attacco abolizionista guidato da John Brown al deposito nazionale di munizioni di Harpers Ferry nel 1859 fu condannato da Nord e Sud. Il tentativo di ottenere armi per una rivolta di schiavi, tuttavia, esacerbò la tensione tra le due parti.

La guerra civile

La guerra civile americana fu un disastro per Harpers Ferry: la città passò di mano otto volte. Nel 1861, le armi e i macchinari dell'arsenale furono portati via al Sud a beneficio degli sforzi di armamento guidati da Josiah Gorgas.

Nel settembre 1862, Thomas "Stonewall" Jackson catturò la città in preparazione dell'invasione del Maryland che avrebbe portato alla battaglia di Antietam. Nel prendere la città, oltre 12.000 soldati nordisti si arresero.

Dopo la fine della guerra civile, Harpers Ferry fu staccata dalla Virginia con il resto della contea di Jefferson e della contea di Berkeley (per protesta) e annessa alla Virginia occidentale.

Nei prossimi capitoli discuteremo ulteriormente gli eventi della guerra civile e l'abolizione della schiavitù negli Stati Uniti.

RESURRECTION OF HENRY BOX BROWN.

Capitolo 4: John Brown

John Brown nato a Torrington, Connecticut, il 9 maggio 1800, e morto a Charles Town, Virginia, il 2 dicembre 1859 fu un militante americano che lottava contro la schiavitù negli Stati Uniti. Fu impiccato nel 1859 dopo un tentativo fallito di iniziare una rivolta di schiavi.

John Brown nato a Torrington, Connecticut, il 9 maggio 1800, e morto a Charles Town, Virginia, il 2 dicembre 1859 fu un militante americano che lottava contro la schiavitù negli Stati Uniti. Fu impiccato nel 1859 dopo un tentativo fallito di iniziare una rivolta di schiavi.

Kansas

Brown è nato nel Connecticut ma ha trascorso la maggior parte della sua infanzia in Ohio. Studiò brevemente nel Massachusetts e nel Connecticut prima di tornare in Ohio. Nel 1820 sposò Dianthe Lusk con la quale avrebbe avuto 7 figli. Nel 1833, un anno dopo la morte della sua prima moglie, sposò Mary Ann Day che aveva 17 anni meno di lui. Con la sua seconda moglie, Brown ebbe altri 13 figli. A partire dal 1837, lavorò intensamente per l'abolizione della schiavitù negli Stati Uniti, incluso un programma educativo per i giovani neri.

Nel 1855 Brown e alcuni dei suoi figli partirono per il Kansas, dove era in corso una battaglia tra fazioni pro e antischiaviste per il controllo del territorio. Questa battaglia (Bleeding Kansas) sarebbe stata decisiva nel determinare se il Kansas sarebbe entrato nell'Unione come uno stato schiavista o uno stato libero. Brown guidò un gruppo di abolizionisti contro il gruppo di militanti pro-schiavitù che operava dal Missouri. Nel maggio 1856, Brown e il suo gruppo si vendicarono dell'omicidio di abolizionisti a Lawrence, Kansas, uccidendo 5 militanti vicino a Pottawatomie Creek. Questo atto fece guadagnare a Brown la notorietà nazionale.

Dopo che le elezioni in Kansas resero finalmente il territorio libero da schiavi, Brown tornò e fece piani per iniziare una ribellione armata tra gli schiavi negli stati del sud degli Stati Uniti. Raccolse denaro, anche da Gerrit Smith, per fornire armi e munizioni e raccolse intorno a sé un gruppo di uomini per portare avanti il suo piano.

Harpers Ferry

Brown affittò una fattoria vicino a Harpers Ferry (Virginia, ora in West Virginia) con l'obiettivo di catturare un deposito di armi dell'esercito americano. Con solo 21 uomini, molto meno di quanto Brown avesse sperato, il gruppo attaccò il deposito il 16 ottobre 1859 e prese la città di Harpers Ferry.

Il suo piano era quello di distribuire le armi e le munizioni del deposito agli schiavi, e scatenare una rivolta, a partire dalla Virginia. La notizia dell'attacco raggiunse Washington D.C. il giorno successivo, dopo di che un'unità di Marines comandata da Robert E. Lee insieme alla milizia locale circondò Brown e i suoi uomini. Ne seguì un breve scontro in cui dieci degli uomini di Brown (compresi due dei suoi figli) furono uccisi. Altri sette, compreso lo stesso Brown, furono catturati.

John Brown fu quindi processato e dichiarato colpevole di tradimento e condannato a morte. Il suo processo fu ampiamente riportato dai media (del nord). Brown fu variamente liquidato come un martire per gli schiavi neri o come il primo terrorista d'America. Frederick Douglass, il noto abolizionista nero, disapprovò i suoi metodi violenti mentre altri lo ritrassero come un eroe.

Il 2 dicembre 1859, Brown fu giustiziato per impiccagione.

Polarizzazione

La lotta militante di Brown contro la schiavitù e la sua esecuzione polarizzarono ulteriormente le opinioni nel paese sulla schiavitù. Meno di due anni dopo la sua esecuzione, scoppiò la guerra civile americana, e i soldati dell'Unione del Nord a volte cantavano la canzone John Brown's Body scritta in onore di Brown prima di andare in battaglia.

Capitolo 5: La guerra civile

La guerra civile americana (War Between the States) fu un conflitto di quattro anni dal 1861 al 1865 negli Stati Uniti tra gli Stati del Nord (l'Unione) e gli Stati del Sud (la Confederazione). Battaglie e campagne sanguinose ebbero luogo in molti stati. La guerra iniziò con un attacco della Confederazione a Fort Sumter il 12 aprile 1861. La battaglia di Bull Run del 21 luglio 1861 fu la prima grande battaglia.

La guerra era effettivamente finita dopo la resa del generale Robert E. Lee dopo la battaglia di Appomattox all'inizio di aprile 1865. L'ultima battaglia fu combattuta il 13 maggio 1865 a Palmito Ranch in Texas. A giugno il Sud si arrese e i nordisti vinsero. Si stima che ci furono 695.027 morti e 543.926 feriti.

Cause della guerra civile

Diverse cause erano alla base: tensioni politiche tra il governo federale e gli stati; tra repubblicani e democratici; tensioni economiche tra il nord industriale e il sud agricolo o il protezionismo contro l'idea del libero scambio e tensioni sociali dovute alla schiavitù del sud e alla grande proprietà terriera contro i piccoli agricoltori del nord. C'era anche una legge di registrazione che gli stati del Sud non erano d'accordo.

La capanna dello zio Tom

L'idea che la guerra sia nata per abolire la schiavitù può essere sfumata. Questa idea è nata in parte dalle reazioni al romanzo abolizionista The Cabin of Uncle Tom, scritto da Harriet Beecher Stowe. La legge del 1850 la ispirò a scrivere sulla schiavitù disumana e il libro divenne un bestseller.

Tuttavia, l'abolizione della schiavitù fu un risultato della Guerra Civile, non una causa. Il conflitto inizialmente coinvolse una disputa fuori controllo sull'estensione della schiavitù agli stati di recente formazione, noti come territori. Mentre gli Stati Uniti si espandevano verso ovest, sorse la questione se questi stati potessero avere schiavi. I nordisti non sentivano nulla per l'espansione; i democratici del sud credevano che i proprietari di schiavi potessero portare la loro proprietà ovunque.

(La copertina del libro di uncle Tom's Cabin)

Una decisione militare

Nel 1862, Lincoln trovò nell'abolizione della schiavitù un mezzo per prevenire l'interferenza straniera nella guerra. L'Inghilterra e la Francia non detenevano schiavi da decenni e criticavano la schiavitù negli Stati Uniti. L'abolizione avrebbe reso moralmente impossibile per loro schierarsi con il Sud. A tal fine, Lincoln firmò un ordine presidenziale. Il Proclama di Emancipazione decretò che tutti gli schiavi delle aree ribelli erano liberi.

Lincoln prese due piccioni con una fava: si liberò della minaccia straniera E aumentò la forza delle truppe del suo esercito pressurizzato di quasi 200.000 individui neri motivati. Fu in questo contesto che Lincoln inviò una proposta al Congresso per il primo emendamento alla Costituzione in quasi settant'anni: un emendamento che aboliva la schiavitù. Con questo emendamento in mano, i leader della comunità nera libera chiamarono tutti i neri a firmare in massa per il servizio militare. Gli sforzi di Frederick Douglass in questo campo sono famosi.

All'inizio del 1864, le prime compagnie di colore passarono sotto le armi, e presto i neri furono schierati lungo tutta la linea - con lo sgomento dei sudisti, che non presero i soldati neri come prigionieri di guerra dopo la resa, ma li massacrarono. Lincoln, con il suo proclama, si è caricato di un altro problema. La popolazione civile del Nord temeva che gli schiavi liberati avrebbero fatto concorrenza al loro mercato del lavoro. Così facendo, Lincoln prese una misura impopolare durante una guerra già impopolare.

L'economia prima della guerra civile

Nel 1860, gli stati del Sud si sentivano economicamente svantaggiati. Il Nord era il centro industrializzato degli Stati Uniti. Aziende metallurgiche, tessiture, macelli, fabbriche di armi e altre industrie innovative vi portavano ricchezza. Il Nord gestiva 110.000 fabbriche con 1,3 milioni di lavoratori; il Sud aveva solo 18.000 fabbriche con 110.000 lavoratori.

Il Nord possedeva 32.000 km (22.000 miglia) di infrastrutture ferroviarie, il Sud 14.400 km (9.000 miglia). Nel 1860, il Nord produceva 470 locomotive a vapore, rispetto alle sole 17 del Sud. Anche la conversione del Nord alla produzione bellica fu più agevole: il Nord produsse 32 volte più armi del Sud, rappresentando quasi il 97% dell'industria bellica. Il Nord era anche più moderno, più democratico e più liberale. Rispetto al Nord, il Sud era scarsamente dotato.

L'economia agraria del Sud pseudo-aristocratico era feudale e tradizionale: si coltivava un po' di grano e frumento, ma il peso economico maggiore spettava ai grandi proprietari terrieri ricchi che coltivavano cotone e tabacco con gli schiavi.

Il Nord non solo si è sviluppato più rapidamente del Sud, ma ha anche distribuito meglio la sua ricchezza. L'industria portava lavoro ai piccoli. Nel Sud, i senza terra potevano scegliere tra vivere nella marginalità o un'esistenza da servo o da soldato.

Lo squilibrio di ricchezza era stato causato principalmente dallo sviluppo unilaterale dell'economia del Sud e dalla sua dipendenza dalle importazioni di cibo dall'ovest, dalle importazioni di manufatti e utensili dal nord e dal credito dal nord-est. Le esportazioni della produzione del Sud passavano attraverso New York, che intascava una parte dei profitti.

Demografia, rappresentanza e tassazione

La demografia influenzò la partecipazione politica e la pressione fiscale nel Sud. Le persone più istruite e i cittadini che erano in grado di spostarsi si trasferirono al nord.

Lì la popolazione crebbe fino a 21 milioni contro una popolazione del Sud di nove milioni, inclusi quattro milioni di schiavi. La popolazione di uno stato determinava il numero di delegati al Congresso. Il Senato aveva sempre due senatori per ogni stato, il che manteneva l'equilibrio tra gli stati schiavi e gli stati liberi.

Nel 1820 si giunse al Compromesso del Missouri che prevedeva l'adesione del Missouri come stato schiavista e del Maine come stato libero, staccatosi dal Massachusetts. Il compromesso del 1787 prevedeva che gli schiavi contassero per tre quinti (60%) nel determinare il numero di membri per il Congresso così come nel determinare l'ammontare della tassa.

Diritti degli Stati

Un altro fattore che mise alla prova le relazioni fu la lotta tra il senso di indipendenza degli stati contro l'influenza del governo federale. Gli Stati del Sud desideravano l'indipendenza dal governo e diffidavano di qualsiasi forma di "governo".

Incentivo

L'occasione fu l'elezione del 6 novembre 1860 del repubblicano liberale Abraham Lincoln a presidente. Quest'ultimo condusse una campagna neutrale per non offendere i sostenitori o gli oppositori della schiavitù. Il suo desiderio di evitare l'estensione della schiavitù all'Ovest era inaccettabile per gli stati del Sud.

(una fotografia di Abraham Lincoln)

Inoltre, fu eletto esclusivamente con i voti del Nord, della California e dell'Oregon, quindi il Sud percepì l'elezione come un attacco. Il 20 dicembre, il primo stato del Sud, la Carolina del Sud, si seccò. Il 6 febbraio 1861, Mississippi, Florida, Alabama, Georgia, Louisiana e Texas si unirono e si fusero negli Stati Confederati d'America con una propria costituzione e l'istituzione della loro capitale a Montgomery, Alabama. Il 9 febbraio elessero Jefferson Davis come presidente.

Nove giorni dopo, il 18 febbraio, prestò ufficialmente giuramento. Questo il Nord, guidato dal presidente uscente James Buchanan, trovò intollerabile. Il 4 marzo Lincoln prestò giuramento come 16° presidente e nel suo discorso inaugurale respinse le secessioni. Invitò i rinnegati a ripristinare i vincoli dell'Unione e inviò aiuti al federale Fort Sumter per il porto di Charleston.

Escalation

Il ripristino dell'Unione fu rifiutato. Per rafforzare il loro rifiuto, la Carolina del Sud considerava Fort Sumter un'occupazione indesiderabile. La milizia della Carolina del Sud procedette all'assedio. Il 12 aprile, spararono il primo colpo al forte e continuarono a sparare fino alla resa. Nei giorni seguenti, Virginia, Arkansas, Tennessee e North Carolina si unirono agli Stati Confederati. I seguenti stati secedettero in ordine cronologico.

- Carolina del Sud (20 dicembre 1860)
- Mississippi (9 gennaio 1861)
- Florida (10 gennaio 1861)
- Alabama (11 gennaio 1861)
- Georgia (19 gennaio 1861)
- Louisiana (26 gennaio 1861)
- Texas (1 febbraio 1861)
- Virginia (17 aprile 1861)
- Arkansas (6 maggio 1861)
- Tennessee (7 maggio 1861)
- Carolina del Nord (21 maggio 1861)

Non tutti gli stati schiavisti si unirono alla Confederazione. Un certo numero di stati sul confine nord-sud non lo fecero, poiché la coltivazione del tabacco diminuì a causa dell'erosione del suolo e la schiavitù diminuì di importanza. Missouri e Kentucky ebbero due governi separati: uno dall'Unione e uno dalla Confederazione. La Virginia Occidentale si separò dalla Virginia e fu formalmente ammessa nell'Unione come stato separato il 20 giugno 1863.

C'erano state rivolte anti-Unione nel Maryland, anche nella città più grande, Baltimora. Lincoln aveva inviato truppe dal nord e la legge marziale era stata dichiarata e i più importanti sostenitori della secessione erano stati arrestati, rendendo impossibile l'adesione dello stato alla Confederazione.

Il Delaware rimase con l'Unione, ma il 18 febbraio 1865, poco prima della resa della Confederazione, il Delaware votò contro l'abolizione della schiavitù. Fu solo il 12 febbraio 1901 che questo stato ratificò il 13° emendamento alla Costituzione.

Punti di forza e di debolezza

Gli stati avversari erano 11 stati con una popolazione di 9 milioni (di cui 4 milioni erano schiavi) e 23 stati con una popolazione di 22 milioni. Il Nord non era solo numericamente più forte, ma aveva anche i vantaggi dell'industria e di una flotta che bloccava i porti del Sud. Il Sud aveva un esercito migliore e contava sull'appoggio inglese e francese. I governi francese e inglese erano a favore del Sud, ma non si schierarono apertamente, perché l'opinione pubblica era di mentalità nordista.

L'Inghilterra dipendeva per la sua industria e la sua popolazione dalla fornitura di cotone dal Sud e di grano dal Nord e rimase ufficialmente neutrale. In privato, l'Inghilterra sostenne il Sud fornendo, equipaggiando e armando le navi corsare Alabama, Florida, Georgia e Shenandoah. I nordisti erano indignati dalla condotta dell'Inghilterra. Lincoln inizialmente mancava di buoni leader militari, il che gli fece subire sconfitte su sconfitte per i primi due anni. Questo spiega contemporaneamente la lunga durata della guerra.

Secessionismo

Il secessionismo - il movimento di secessione - non fu portato da tutto il Sud.

Sam Houston, il governatore che condusse il Texas nell'Unione, definì la secessione del suo stato il giorno più triste della sua vita. Si dimise e lasciò la politica. Anche il Tennessee occidentale resistette alla secessione. La contea di Winston e le contee della Virginia settentrionale andarono più lontano. Secessero e nel 1863 le contee della Virginia del Nord si unirono all'Unione come Stato della Virginia dell'Ovest.

Sentimento contro la guerra

Col tempo, il sentimento contro la guerra crebbe nel Nord. Iniziò quando l'Unione se la passava male e le morti si accumulavano senza risultati. Tra il 1862 e il 1864 ci furono proteste contro la guerra nell'Unione e appelli affinché il Sud se ne andasse. Il fatto che nel Nord ci fossero molte persone che non si opponevano alla schiavitù e volevano impedire la liberazione degli schiavi per paura dei loro posti di lavoro a volte peggiorò la situazione, culminando nelle rivolte a New York nel quartiere dei Five Points. I nordisti più miti che cercavano una soluzione pacifica erano chiamati "Copperheads".

Aspettative

L'aspettativa nel Nord era che una grande e sanguinosa battaglia avrebbe messo fine alla guerra in novanta giorni. Quella battaglia divenne la Prima battaglia di Bull Run, il 21 luglio 1861. I nordisti, sotto il maggiore generale Irvin McDowell, iniziarono energicamente contro le forze dei generali sudisti Joseph E. Johnston e P.G.T. Beauregard.

Per tutta la mattina, le previsioni di 90 giorni sembravano realistiche. A mezzogiorno, Beauregard attirò i nordisti in una trappola e prese l'iniziativa. Entro la fine della giornata, i nordisti fuggirono verso Washington D.C., e divenne chiaro che la guerra sarebbe stata lunga. Il Sud celebrò la vittoria spostando la capitale nel nuovo stato della Virginia, a Richmond, vicino al confine con il Nord. Lì, spaventati e temendo che ancora più stati avrebbero lasciato l'Unione, il 25 luglio approvarono la Risoluzione Crittenden-Johnson che confermava il mantra di Lincoln: la guerra doveva preservare l'Unione, non porre fine alla schiavitù.

Il piano Anaconda

Dopo la sconfitta a Bull Run, Lincoln passò a pianificare una lunga guerra. Il suo occhio cadde su un piano del maggior generale Winfield Scott: il piano Anaconda. Questo prevedeva l'accerchiamento del Sud e la sua chiusura al resto del mondo. Scott era più realista dei patrioti sudisti che parlavano di lotte eroiche per la libertà. Scott sapeva che il Sud non poteva sopravvivere senza linee di rifornimento. Il suo piano Anaconda consisteva nel conquistare il corso dei fiumi Mississippi e Tennessee, bloccando i porti marittimi del Sud per prendere Richmond dopo l'indebolimento. Il piano fu ampiamente accettato, e l'attuazione iniziò all'inizio del 1862.

Fino alla resa di Robert E. Lee nel 1865 e alla fine della guerra, questo piano rimase il principio guida di tutto ciò che il Nord fece. Nonostante l'efficacia del blocco, la Confederazione con il generale Josiah Gorgas della Pennsylvania riuscì a rifornire i suoi eserciti di armi e munizioni durante la guerra. Per realizzare il piano, l'esercito degli Stati Uniti si divise in un'armata occidentale sotto il generale H.W. Halleck e un'enorme armata orientale, Army of the Potomac di 500.000 uomini.

Il fronte orientale fino al 1863

Il comando fu assegnato al generale George B. McClellan. Si preparò a combattere attraverso il fiume Potomac contro Robert E. Lee e la sua nuova Armata della Virginia del Nord e ad avanzare verso Richmond.

L'addestramento di George B. McClellan fu eccezionale e famoso, il suo comando sul campo meno. Si attardò per mesi prima di avanzare nell'estate del 1862. Poi si lasciò ingannare da P.G.T. Beauregard, che lo convinse con uno stratagemma che la sua divisione era enorme. Ci vollero settimane perché McClellan aggirasse e arrivasse a Richmond. Lì lo attendevano Lee e il suo esercito al gran completo. L'Armata del Potomac fu spettacolarmente sconfitta da Lee. Gran parte della forza di McClellan fu portata sotto il comando del generale John Pope - che subì una cocente sconfitta nella Seconda battaglia di Bull Run nell'agosto 1862.

Cronologia della guerra civile

1861

- **Gennaio 1861:** *Carolina del Sud, Mississippi, Florida, Alabama, Georgia, Louisiana e Texas si ritirano dall'Unione.*
- **Febbraio 1861:** *I sudisti stabiliscono un governo e scrivono una costituzione.*
- **Aprile 1861:** *Virginia, Arkansas, North Carolina e Tennessee lasciano l'Unione.*
- **12 aprile 1861:** *Attacco a Fort Sumter.*
- **21 luglio 1861:** *Battaglia di Bull Run, prima battaglia.*

1862

- **Marzo 1862:** Il *primo incontro tra due gruppi si trasforma in uno stallo.*
- **Maggio-agosto 1862:** *Il generale George McCellan guida gli unionisti nella Campagna della Penisola in Virginia.*
- **Settembre 1862:** *16.000 morti nella battaglia di Antietam; l'Unione vince.*

1863

- **Gennaio 1863:** *Il Proclama di Emancipazione di Lincoln abolisce la schiavitù negli stati confederati. Circa 180.000 neri si arruolano nell'esercito dell'Unione.*
- **Marzo 1863:** *L'Unione stabilisce la coscrizione per tutti gli uomini bianchi fino a 45 anni. Coloro che possono assumere un vice o pagare 300 dollari sfuggono alla coscrizione. Questo porta a rivolte per la coscrizione a New York il 13 luglio.*

- **Maggio 1863:** *Nella battaglia di Chancellorsville, 30.000 soldati vengono uccisi, compreso il leggendario generale Thomas Jackson. La sua morte fu una battuta d'arresto per la Confederazione. Dopo essere stato ferito da uno dei suoi stessi soldati, il generale Lee disse: "Lui ha perso il braccio sinistro, io ho perso il destro". Poi gli unionisti attraversarono il Mississippi e assediarono i Confederati intorno a Vicksburg. La loro resa diede loro il controllo del fiume.*
- **Luglio 1863:** *Il generale George Meade è vittorioso nella battaglia di Gettysburg. La battaglia è considerata la più grande battaglia di questa guerra.*
- **21 agosto 1863:** *Massacro a Lawrence (Kansas) da parte di William Quantrill.*
- **Novembre 1863:** *Vittoria dell'Unione nella battaglia di Chattanooga, Tennessee.*
- **19 novembre 1863:** *Lincoln pronuncia un breve e memorabile discorso di 266 parole, il Discorso di Gettysburg, alla dedica del Cimitero Nazionale dei Soldati a Gettysburg, in Pennsylvania.*

1864

- **Giugno 1864:** *Lincoln manda Grant a est come comandante in capo.*
- **Settembre 1864:** *Sherman prende Atlanta.*

1865

- **Aprile 1865:** *Lee si arrende ad Appomattox e firma la fine ufficiale della guerra.*
- **14 aprile 1865:** *Il patriota sudista John Wilkes Booth assassina Lincoln. In seguito, Andrew Johnson diventa il 17° presidente.*
- **26 aprile 1865:** *Booth viene trovato in un fienile di tabacco e ucciso.*
- **13 maggio 1865:** *Battaglia di Palmito Ranch, Texas.*

I cosiddetti "Codici Neri" limitano i diritti degli ex schiavi nel Sud.

Galleria di battaglie e combattimenti.

La 'Ricostruzione Radicale' dal 1866 al 1873, con il Congresso che votò per il Quattordicesimo e Quindicesimo Emendamento, dando agli ex schiavi i diritti civili e il diritto di voto. Il 'Military Reconstruction Act' del 1867 divise il Sud in cinque distretti, governati da un generale. Gli stati di questi distretti assorbirono l'Unione nel 1868 e nel 1870.

La "Redenzione" tra il 1873 e il 1877, quando i sudisti estremamente razzisti ripresero il controllo del loro Sud e vi sconfissero i repubblicani. Dopo dieci anni, gli Stati del Sud approfittarono della controversia sull'elezione presidenziale di Rutherford B. Hayes per liberarsi della Ricostruzione e invertire la democratizzazione.

Il rapporto Nord-Sud

La guerra ha avuto effetti profondi sull'America. Ancora oggi, i sudisti si sentono svantaggiati dalla Ricostruzione imposta dopo la libertà degli schiavi. Le contraddizioni prebelliche non furono risolte ma alleggerite da nuove variazioni. Il centro di gravità politico, economico e industriale del paese rimase nel Nord. La migrazione settentrionale di bianchi e neri rimase. Inizialmente, migrarono verso i macelli di Chicago per lavorare nell'industria di lavorazione del bestiame nell'era dei cowboy dal 1870 al 1900, più tardi vagarono verso Detroit per l'industria automobilistica.

Anche la California e New York attiravano gente. Gli Stati del Sud caddero in declino o rimasero bloccati nell'economia agraria che continuava a distribuire ingiustamente la ricchezza. I proprietari di piantagioni andarono in bancarotta per l'incapacità di passare al lavoro senza schiavi. Allo stesso tempo, le città caddero in declino.

Nel Nord, gli edifici sorsero in pietra e più tardi in acciaio; nel Sud, tutto fu costruito frettolosamente in legno che soffriva le intemperie perché la manutenzione era inaccessibile. Atlanta, che era stata distrutta da Sherman, fu ricostruita ma scivolò in un borgo.

New Orleans mantenne una certa grandezza come città portuale, Richmond divenne una capitale mineraria e non la metropoli di prima. In Texas le cose migliorarono quando vi fu trovato il petrolio. I diritti degli stati, tanto insistiti dal Sud, cedettero il passo al potere federale con la ratifica del dodicesimo emendamento nel 1865 e con un emendamento sull'imposta federale sul reddito nel 1916.

La diminuita influenza si rifletteva nel Congresso e nella Casa Bianca - per quasi ottant'anni tutte le persone di spicco venivano dal nord o dall'ovest. Gli Stati Uniti erano passati da una confederazione di stati a uno stato federale.

Abramo Lincoln

Sia pubblicamente che privatamente, Lincoln fece sapere che pensava che la schiavitù fosse immorale, ma sentiva anche che c'era poco da fare a riguardo senza emendamenti costituzionali.

Abolire la schiavitù era una questione politica. Anche prima della guerra, Lincoln aveva dichiarato in un discorso che credeva che l'Unione non potesse rimanere divisa sulla questione della schiavitù. La "casa divisa" americana ("House divided") non poteva rimanere al suo posto. Non sarebbe caduta, sosteneva, ma avrebbe cessato di essere divisa e sarebbe diventata interamente schiavista o interamente libera.

Per quanto riguarda la Guerra Civile, l'obiettivo di Lincoln era di assicurare l'Unione e porre fine alla ribellione del Sud. Abolire la schiavitù non era un obiettivo militare allo scoppio della guerra, ma lo divenne solo dopo che Lincoln, attraverso il Proclama di Emancipazione del 1862, dichiarò gli schiavi negli stati ribelli "liberi per sempre".

C'erano tre correnti nel partito repubblicano di Lincoln:

I radicali, che volevano emancipare gli schiavi,

I conservatori, che speravano nell'abolizione perché erano convinti che i neri fossero inferiori e che la loro presenza in America non fosse desiderabile. Legarono la loro ricerca dell'abolizione al ritorno in Africa. Lo stato della Liberia ha le sue origini a causa di questo.

I moderati come Lincoln che aborrivano la schiavitù ma temevano le conseguenze dell'emancipazione. La visione di Lincoln cambiò gradualmente nel 1862. Il 13 marzo, ai fuggiaschi o ai "contrabbandieri" fu proibito di essere restituiti dal punto di vista militare. La proposta di Lincoln di compensare i proprietari di schiavi negli stati di confine per il rilascio degli schiavi fu respinta il 12 luglio 1862.

L'argomento per l'abolizione della schiavitù divenne il sequestro delle risorse nemiche per necessità militari. I quattro milioni di schiavi erano importanti per lo sforzo bellico. Dobbiamo liberare gli schiavi o essere noi stessi sottomessi, suonava.

Senza volerlo, Lincoln divenne un'icona dell'abolizionismo. Per i neri liberati era quasi considerato un santo.

Questo fu rafforzato dal suo piano di ricostruzione e dalla reintegrazione (Reconstruction) del Sud. Il fatto che fu assassinato (otto mesi prima della ratifica del suo emendamento) contribuì all'immagine del presidente visionario.

Cronologia delle conseguenze della guerra civile

- **1866:** *Il Congresso vota per approvare il Civil Rights Act in risposta ai codici neri del Sud.*
- *I veterani fondano il Ku Klux Klan. I cosiddetti 'Codici Neri' del Sud continuano a limitare i diritti degli ex schiavi.*
- **1867:** *In risposta ai "Codici Neri", il governo risponde con gli "Atti di Ricostruzione" che mettono gli stati del Sud sotto il dominio militare e li obbligano a concedere diritti ai neri.*

- **1868:** *Il quattordicesimo emendamento concede i diritti civili agli schiavi.*
- **1870:** *Il quindicesimo emendamento dà agli ex schiavi il diritto di voto.*
- **1876:** *Le leggi Jim Crow invertono le leggi anti-discriminazione della Ricostruzione.*

(Un'illustrazione della ricostruzione)

Un nuovo tipo di guerra

Il significato di questa guerra è importante non solo dal punto di vista socio-politico per le sue conseguenze. La Guerra Civile segna anche una svolta storica in termini militari-industriali perché segna il passaggio da una lotta agraria a una guerra industriale. In questa guerra, la tecnologia cambiò le tattiche.

Costruzione di armi

La costruzione delle armi migliorò la dissipazione del calore, la ricarica e la precisione. Nel 1863, l'Unione introdusse il "proiettile Minié". Questo tipo di proiettile francese ruotava ed era quindi più stabile e preciso.
Produttori come Colt e Winchester progettarono caricatori multipli con un massimo di quindici cartucce alla volta. I soldati confederati dicevano che i nordisti potevano caricare il lunedì e continuare a sparare per tutta la settimana.

La pistola Gatling fu un precursore della mitragliatrice.

L'introduzione del treno permise il trasporto rapido di armi pesanti. Speciale fu l'introduzione delle Ironclads, le prime corazzate di ferro a vapore.

Anche se diverse marine stavano già sperimentando navi in ferro, gli americani furono i primi a utilizzare motori a vapore per la propulsione.

Famosa è la nave dell'Unione USS Monitor, una nave corazzata con ferro sopra uno scafo di quercia con la prima torretta di cannoni. Questa nave consegnò la prima battaglia tra due navi corazzate l'8 e il 9 marzo 1862 con la CSS Virginia e vinse per un pelo. Questo rese obsolete tutte le flotte del mondo.

Treno e telegrafo

La modernizzazione della guerra non avvenne solo nel combattimento diretto. Il contesto stava cambiando anche intorno al campo di battaglia. Per raggiungere la Prima Battaglia di Bull Run all'inizio della guerra (1861), gli uomini marciavano verso il campo di battaglia e gli ufficiali arrivavano a cavallo. Carri coperti, cavalli o muli trasportavano le armi con difficoltà.

Più tardi, le linee ferroviarie del Sud divennero obiettivi delle truppe del Nord, che rallentavano e affaticavano gli eserciti del Sud. I loro avversari rimasero in forma grazie al treno che trasportava razioni, armi, munizioni e armi pesanti. Un effetto collaterale fu che il morale nordista rimase ragionevole verso la fine della guerra, specialmente tra gli eserciti di Grant e Sherman, mentre il morale sudista crollò dopo il 1863.

Un altro vantaggio del treno fu che i feriti ricevettero migliori cure mediche: i medici potevano arrivare più facilmente nella loro direzione, i feriti venivano smaltiti più rapidamente. Inoltre il telegrafo rendeva possibile la pianificazione a distanza. Se Grant faceva qualcosa, Lincoln lo sapeva il giorno dopo. Oltre ai rapporti militari, i giornalisti riferivano: per la prima volta la gente sapeva quotidianamente cosa stava succedendo e chi stava morendo.

Guerra nelle città

Un altro nuovo sviluppo fu l'arrivo di milizie di guerriglia come i Southern Bushwhackers e i Northern Jayhawkers, così come la guerra in città: sebbene le città fossero state precedentemente sotto assedio, la Guerra Civile vide i primi bombardamenti di città e combattimenti. La scala sarebbe aumentata nella Prima Guerra Mondiale.

La guerra urbana era una conseguenza della "guerra totale" di Grant e Sherman. Militarmente, il Nord aveva vinto, ma il Sud non si arrendeva. Non solo la potenza militare dell'avversario doveva crollare, ma tutto ciò che sosteneva quella potenza: le infrastrutture, le città e la cittadinanza. Nella Guerra Civile, per la prima volta, i civili furono terrorizzati in massa per costringere il nemico ad arrendersi. Da allora la tattica è stata messa fuori legge dalla Convenzione di Ginevra.

Il rapporto bianco-nero

Dopo la guerra civile, il Congresso e gli stati approvarono il 13°
emendamento alla Costituzione che aboliva la schiavitù. Anche se i neri
non potevano più essere costretti a lavorare, non era loro permesso di
diventare parte della società del Sud.

La loro vita quotidiana divenne più difficile di prima della guerra: i neri
non potevano avere contatti con i bianchi e potevano lavorare solo per i
bianchi. Veniva loro impedito di parlare e votare politicamente con la
tassa elettorale e più tardi, quando questa divenne incostituzionale, con la
discriminatoria "legislazione Jim Crow". Questo sistema estese la
segregazione razziale nel Sud in cui le due "razze" vivevano
separatamente: separatamente nei ristoranti e più tardi negli autobus,
bagni diversi, fontane, ascensori, negozi, scuole, quartieri

Questa situazione durò fino agli anni 60, quando tutto cambiò
incredibilmente. In quel decennio, il Movimento per i diritti civili decollò e
iniziò un ringiovanimento economico e la fioritura della zona guidata
dall'economia dell'epoca. Lyndon B. Johnson divenne il primo presidente
del Sud in quasi 100 anni. I successivi cambiamenti durarono fino al 1985
circa.

Anche se la discriminazione è un evento regolare nel Sud, oggi il livello è
paragonabile al resto del paese. Anche il Ku Klux Klan è in declino nel Sud.
Texas, Virginia, Tennessee, Florida e Georgia sono tra gli stati più ricchi;
Atlanta è una metropoli e sede della Coca-Cola e della CNN. Nel 1964,
c'erano più presidenti del Sud che di qualsiasi altra regione.

Parte 3: Società post-schiavista e segregazione

Capitolo 1: Segregazione del dopoguerra

Dalla guerra civile americana fino alla fine degli anni '60, gli afroamericani negli Stati Uniti sono stati sistematicamente segregati dagli europei americani. Questa segregazione razziale, più pronunciata negli ex Stati Confederati d'America, esisteva de facto durante la schiavitù, quando gli stati avevano ciascuno il proprio codice degli schiavi. Dopo la guerra civile americana, i codici neri li sostituirono, e dopo la Ricostruzione, le leggi Jim Crow perpetuarono la segregazione.

Anche se queste leggi andavano contro la proibizione della discriminazione nella Costituzione degli Stati Uniti, hanno retto a lungo a causa della dottrina "separati ma uguali". Secondo questa dottrina, cose come l'alloggio, l'assistenza medica, l'istruzione, l'occupazione e il trasporto potevano essere segregati per razza, purché avessero lo stesso standard per ogni razza.

In pratica, le strutture per gli afroamericani si rivelarono quasi sempre peggiori. Venivano usati dei cartelli per indicare ciò che era permesso loro di usare.

La storia della segregazione

Con i quattro Reconstruction Acts del 1867 e 1868, furono poste le condizioni perché gli stati del Sud potessero rientrare nell'Unione. Una delle condizioni era la firma del Quattordicesimo Emendamento alla Costituzione degli Stati Uniti. Questo conteneva la disposizione che ogni persona all'interno del territorio doveva essere trattata come uguale davanti alla legge. Il Quindicesimo Emendamento alla Costituzione degli Stati Uniti del 1870 proibiva agli stati di privare i cittadini del diritto di voto in base alla razza, al colore e alla precedente condizione di sottomissione. Sotto il Partito Repubblicano - allora il partito che si opponeva alla schiavitù - ci fu un breve periodo liberale e progressista durante la Ricostruzione.

I carpetbaggers erano repubblicani che si spostarono a sud dal nord e vi presero il potere. Inizialmente erano sostenuti dai repubblicani del sud o scalawags, ma durante gli anni 1870 questi passarono per lo più ai democratici del sud. Questi redentori rappresentavano gli interessi della vecchia aristocrazia delle piantagioni e usarono il loro potere economico per spazzare via il Partito Repubblicano nel sud.

Questo includeva una pesante violenza da parte di organizzazioni del terrore come i Cavalieri della Camelia Bianca e il più sotterraneo Ku Klux Klan. La Lega Bianca assassinò quattro membri della famiglia di Marshall H. Twitchell, tra gli altri, durante il Massacro Coushatta del 1874, e le Camicie Rosse, guidate dal futuro senatore Benjamin Tillman, provocarono rivolte razziali, come nel Massacro di Amburgo del 1876.

Anche i linciaggi di afroamericani si verificarono frequentemente, meno dell'1% dei quali risultarono in condanne dopo il 1900. Lo storico Joel Williamson ha chiamato questo il periodo del razzismo radicale. Come senatore, Tillman ha persino articolato questa volontà di linciare al Congresso degli Stati Uniti nel 1900.

Oltre a queste atrocità, le leggi Jim Crow limitarono sempre più i diritti democratici degli afroamericani. Nelle parti del Sud dove gli afroamericani erano la maggioranza, furono imposti ulteriori requisiti per il suffragio, come il livello di istruzione. La perdita del suffragio escludeva anche gli afroamericani dal servizio di giuria, con il risultato di giurie tutte bianche. Ci fu anche un divieto sui matrimoni misti in molti stati.

Il compromesso del 1877 segnò l'inizio della riduzione della resistenza liberale del nord alla discriminazione. Questo permise ai redentori di aumentare la loro influenza, mentre il nord perse interesse nella Ricostruzione. La conquista delle Filippine del 1899-1902 sotto la guida repubblicana mise in moto un imperialismo americano che secondo il senatore Tillman avrebbe portato i repubblicani a ingoiare le loro critiche alla segregazione del sud. All'interno del Partito Repubblicano, l'influenza della fazione "black-and-tan" sarebbe in seguito anche diminuita dal movimento "lily-white".

Circa il 90% degli afroamericani viveva nel Sud e la loro perdita del suffragio creò il Solid South, gli stati del Sud con voto lealmente democratico. L'elezione presidenziale degli Stati Uniti del 1912 completò questo processo quando Woodrow Wilson divenne il primo presidente sudista dalla guerra civile. Sotto di lui, la segregazione razziale fu implementata anche nelle istituzioni federali. Egli iniziò a segregare i posti di lavoro federali su richiesta del suo gabinetto nel 1913.

Ancora sotto i repubblicani, un sistema di scuole pubbliche era stato stabilito nel Sud che permetteva anche agli afroamericani di accedere all'istruzione. L'integrazione non era prioritaria, e così fu creato un sistema scolastico informalmente segregato. Quando i democratici andarono al potere, il budget per questo fu tagliato. Le leggi Jim Crow furono perpetuate dalla sentenza Plessy contro Ferguson del 1896, che stabilì la dottrina "separati ma uguali". Nel Nord, anche se queste leggi non furono promulgate, fu creata una segregazione de facto con scuole separate. Infatti, sarebbe stato meglio per gli afroamericani ricevere una scuola separata. Non era sempre il caso che le leggi formalizzassero le pratiche esistenti. Per esempio, alcune compagnie di tram resistettero a lungo al trasporto segregato.

L'odio nel Sud verso i neri era tale da scioccare il politico sudafricano e sostenitore della segregazione Maurice Smethurst Evans. Secondo Evans, mentre il pregiudizio razziale era giustificato, egli trovò comunque dolorosa l'ostilità dei bianchi verso i neri negli stati dell'America meridionale. Allo stesso tempo, molti bianchi americani del sud avevano un atteggiamento ambiguo, poiché dipendevano dalla loro manodopera a basso costo nonostante la loro grande antipatia verso gli afroamericani. Questo si rifletteva nelle città del sundown, dove ai neri non era permesso rimanere dopo il tramonto.

La prima guerra mondiale ebbe l'effetto di creare una spinta nel nord oltre alla spinta delle leggi Jim Crow nel sud. Qui, a causa della ridotta migrazione dall'Europa e dell'aumentata domanda dovuta alla guerra, la carenza di manodopera nelle città industriali crebbe, portando alla grande migrazione afroamericana. Una nuova coscienza crebbe tra la popolazione afroamericana con i soldati neri che tornavano dall'Europa e non venivano ringraziati per questo, ma ricevevano un'accoglienza odiosa. Nel Nord, la Harlem Renaissance fu accompagnata dall'elegante New Negro, mentre Marcus Garvey diede vita alla National Association for the Advancement of Colored People (NAACP) e al movimento Back to Africa.

Nel Nord, divenne così sempre più chiaro che il darky felice era una caricatura in nero. Allo stesso tempo, con il Garveyismo arrivò una posizione più militante che sosteneva la propria segregazione e quindi si unì anche al Ku Klux Klan, causando distanza con attivisti come W.E.B. Du Bois che cercavano più integrazione.

Con l'arrivo al nord, quegli afroamericani riacquistarono il diritto di voto e soprattutto vi trovarono l'affiliazione al Partito Democratico. I democratici del sud, tuttavia, persistettero a lungo nella loro politica di superiorità bianca.

Anche nel nord, tuttavia, la migrazione non fu tranquilla. L'arrivo di un gran numero di afroamericani nelle città del nord e dell'ovest innescò una nuova segregazione, questa volta economica. Degli abitanti bianchi delle città, una gran parte si trasferì nei sobborghi e nelle periferie, la fuga dei bianchi. Inoltre, la grande offerta di manodopera a basso costo fu vista come una minaccia dalla classe operaia bianca, per lo più immigrati recenti da aree arretrate in Europa.

Per il Sud, la scomparsa di gran parte della popolazione nera fu un dilemma. Da un lato, questi erano stati trattati con grande ostilità, quindi inizialmente la migrazione fu accolta con favore. Tuttavia, man mano che il numero aumentava, sorse un problema per un'economia basata su questa manodopera a basso costo. A quel punto furono lanciate iniziative per fermare la migrazione. Quando l'aumento dei salari e il miglioramento delle condizioni non aiutarono, si cercò di impedire agli afroamericani di viaggiare.

Il senatore Narciso Gender Gonzales della Carolina del Sud ha precedentemente riassunto il dilemma come:

Dal punto di vista politico ci sono troppi negri nella Carolina del Sud, ma dal punto di vista industriale c'è spazio per molti di più.

Dopo la seconda guerra mondiale, c'era una crescente consapevolezza che il trattamento degli afroamericani aveva paralleli con l'antisemitismo tedesco e che questa situazione doveva essere portata in linea con gli ideali proclamati come un faro di libertà prima che fosse possibile una vera leadership internazionale. Per esempio, la Commissione per studiare l'organizzazione della pace (CSOP) scrisse:

Possiamo essere castigati dal rifiuto di Wilson a Parigi del principio di uguaglianza razziale, un rifiuto che ha amareggiato il mondo orientale. La cancerogena situazione dei negri nel nostro paese dà foraggio alla propaganda nemica e fa sì che i nostri ideali si attacchino come pane secco in gola. Nell'antisemitismo siamo lo specchio delle smorfie naziste.

Non è il caso di passare sotto silenzio questi moccoli nel nostro occhio. C'è, tuttavia, una grande differenza tra una politica governativa di persecuzione, come in Germania, e costumi ritardatari che non sono ancora stati rotti sulla ruota di una politica legale che li proibisce.

Non possiamo rimandare la leadership internazionale finché la nostra casa non è completamente in ordine. Né possiamo aspettarci che le nazioni accettino che le loro case siano messe in ordine dall'intervento diretto delle agenzie internazionali. Dobbiamo solo considerare le difficoltà che un tale corso incontrerebbe nel nostro o in altri paesi. Attraverso la repulsione contro le dottrine naziste, possiamo, tuttavia, sperare di accelerare il processo di rendere le nostre pratiche in ogni nazione più conformi ai nostri ideali professati.

In effetti, l'Unione Sovietica ne faceva uso in risposta alle critiche sulle violazioni dei diritti umani in Unione Sovietica. Queste critiche sono state parate dagli anni '30 in poi con riferimenti alle violazioni dei diritti umani negli Stati Uniti con le parole *"e voi state linciando i negri"*. "La guerra fredda e la decolonizzazione hanno reso ancora più desiderabile conquistare i cuori e le menti dei paesi in via di sviluppo in questo modo.

L'esercito degli Stati Uniti è sempre stato segregato razzialmente, dalla sua creazione durante la Rivoluzione Americana (1765 - 1783) all'emissione da parte del presidente Truman del suo ordine esecutivo 9981 dopo la Seconda Guerra Mondiale, nel 1948.

Le ultime forme formali di segregazione razziale nell'esercito scomparvero alla fine della guerra di Corea (1950 - 1954).

(Cartello alla Sojourner Truth Homes, Detroit che protesta contro i residenti neri nel 1942).

Insieme alla pressione estera, il movimento per i diritti civili degli afroamericani emerse negli anni '50. Con Brown v. Board of Education, anche se la segregazione nelle scuole pubbliche fu abolita nel 1954, ci sarebbe voluto fino al 1967 perché tutte le leggi Jim Crow fossero invertite.

Da un lato, il movimento consisteva in proteste non violente e disobbedienza civile come il boicottaggio degli autobus di Montgomery dopo l'arresto di Rosa Parks nel 1955, i sit-in di Greensboro nel 1960 e la marcia su Washington del 1963. Dall'altro lato, la protesta fu accompagnata da anni di disordini razziali, a partire dai disordini razziali di Harlem nel 1964 e i disordini di Watts nel 1965.

Durante la lunga estate calda del 1967, il capo della polizia Walter E. Headley fece l'affermazione: "Quando iniziano i saccheggi, iniziano le sparatorie". L'assassinio di Martin Luther King Jr. nel 1968 fu seguito dai peggiori disordini dalla guerra civile.

Il Civil Rights Act del 1964 abolì la segregazione nei luoghi pubblici, mentre il Voting Rights Act del 1965 ripristinò il diritto di voto e Loving v. Virginia del 1967 rovesciò i divieti sui matrimoni misti. Il fatto che ci sia voluto così tanto tempo fu in parte perché la desegregazione fu associata al comunismo durante il periodo del maccartismo, ma soprattutto a causa del razzismo profondamente radicato tra i segregazionisti bianchi e la paura di perdere i privilegi, come personificato dal governatore George Wallace dell'Alabama. La vera integrazione, quindi, non era completa nel 1967, ma era appena iniziata.

Capitolo 2: Il Ku Klux Klan

Il Ku Klux Klan ebbe origine a Pulaski, nel Tennessee, nel 1865 o 1866 come club locale. Secondo lo scrittore Wyn Craig Wade, l'organizzazione iniziò come uno scherzo di sei soldati disoccupati di ritorno dalla guerra civile americana. Si vestirono da fantasmi a cavallo. Presto iniziarono a terrorizzare la popolazione nera appena liberata dalla schiavitù. In gran parte del Tennessee, il loro esempio fu emulato e si formarono capitoli del KKK. Il presidente Andrew Johnson graziò i leader sudisti dell'ex Confederazione sconfitta a partire dal maggio 1865, dopo di che gli stati del sud promulgarono leggi fortemente discriminatorie contro le persone di colore (codici neri). Questo virtualmente invertì la liberazione degli schiavi. Il Congresso degli Stati Uniti annullò queste leggi nel dicembre 1865 e decise di procedere con la Ricostruzione (riforma forzata) della maggior parte degli stati del Sud.

Quindi il KKK crebbe rapidamente in un'organizzazione segreta che si oppose con tutte le sue forze a questa Ricostruzione. All'epoca il Klan si concentrava principalmente nel minacciare e intimidire gli "schiavi liberati", i cosiddetti Freedmen, in modo che rinunciassero ai loro diritti appena acquisiti.

Nel 1868, il Klan ottenne per la prima volta la ribalta nazionale quando i suoi sostenitori assassinarono un gran numero di elettori repubblicani - neri - nel periodo precedente le elezioni. Sia la leadership nazionale del Klan che l'élite del Sud presero le distanze da questi linciaggi. Nel 1871, il Congresso degli Stati Uniti approvò il Civil Rights Act (noto anche come Ku Klux Klan Act), dopo di che il presidente Ulysses S. Grant diede un giro di vite al Klan nel Sud in alcune aree (North Carolina).

(presidente Andrew Johnson)

Centinaia di uomini del Klansmen furono arrestati, ma a causa dell'insufficiente capacità, solo una piccola parte fu condannata. Nel 1875, quindi, questo primo Klan era stato completamente sciolto. Il governo federale degli Stati Uniti aveva rinunciato a proteggere i diritti civili della gente di colore, così che negli stati del Sud i neri potevano essere terrorizzati apertamente: non era più necessaria alcuna organizzazione segreta.

Ci sarebbero voluti quasi cento anni prima che i neri del Sud potessero esercitare il loro diritto di voto. Dopo Grant, solo il presidente Kennedy ebbe un rinnovato interesse per i diritti civili dei neri.

Il primo Klan era molto ben organizzato a livello locale (ma non nazionale), come dimostrano i rapporti del Senato durante la presidenza di Grant. A causa della loro struttura come gruppo segreto invisibile, non esistono dati sui membri. Il Klan era, comunque, estremamente popolare nel Sud, specialmente a causa della sua reputazione di ultimo residuo del Vecchio Sud.

William Joseph Simmons fondò il secondo Ku Klux Klan nel 1915. Questo Klan aveva obiettivi completamente diversi dal vecchio Klan, ma usava lo stesso nome e gli stessi simboli. Il Klan di Simmons crebbe rapidamente negli anni '20 e al suo apice aveva oltre 5 milioni di membri sparsi in tutti gli stati del Sud e del Midwest. Questo Klan voleva mantenere l'egemonia morale del protestantesimo bianco a tutti i costi e quindi combatteva tutti i peccatori come i neri, i cattolici e gli ebrei. Il 4 luglio 1923, il più grande raduno di sempre del Ku Klux Klan ebbe luogo nel Malfalfa Park di Kokomo. Nel 1928, anche questo Klan fu sciolto, anche se molte sezioni sarebbero rimaste attive per molto tempo.

Negli anni '30 e '40, i rimanenti capitoli del Klan scelsero di sostenere massicciamente i nazisti in Germania e si allearono con il German American Bund. Come risultato, il Klan perse il suo carattere patriottico e di conseguenza la sua popolarità tra la popolazione bianca.

Solo durante la crisi della segregazione negli anni '60 il Klan ebbe un'ultima resurrezione di successo, ma cadde nuovamente in discredito a causa di una varietà di attacchi sanguinosi e scandali interni.

Oggi ci sono decine di organizzazioni - sia negli Stati Uniti che all'estero - che pretendono di essere gli eredi del Ku Klux Klan e ne hanno anche adottato i simboli. Tuttavia, si stima che i loro membri totali siano solo poche migliaia. La maggior parte di questi nuovi surrogati del Klan consiste in neonazisti convinti.

Emancipazione dei neri

Negli anni '50, sorse un primo grande problema per il Klan, cioè l'emancipazione delle loro vecchie vittime, che improvvisamente si dimostrarono capaci di reagire. I neri non stavano più a guardare e cominciarono anche a unirsi in vigilantes e milizie di protezione.

Nel 1958, si arrivò addirittura ad uno scontro armato nel Nord Dakota tra il Ku Klux Klan - che organizzò una riunione notturna - e la popolazione nativa Lumbee. Questa rissa passò alla storia come la Battaglia di Hayes Pond e causò una crisi di identità tra i Klansmen.

Nel 1966, il predicatore nero Stokely Carmichael iniziò un tour in tutto il Mississippi per rivolgersi ovunque alla comunità afroamericana. Predicava la dottrina del Black Power, che in seguito costituì la base del movimento Black Panther Party. Sosteneva che si poteva contrastare l'aggressione bianca solo aspettando invariabilmente il Klan con una pistola a portata di mano. Le applicazioni di questa dottrina ebbero importanti implicazioni per il Ku Klux Klan.

Negli anni '60, il Ku Klux Klan trovò nuovo respiro riformandosi e concentrandosi d'ora in poi sull'aggressione armata contro il movimento per i diritti civili degli afroamericani. Gli esempi più famosi furono l'esplosione di una chiesa in Alabama dove si riunivano attivisti neri per i diritti civili nel 1963, l'uccisione di tre attivisti per i diritti civili a Meridian nel 1964 e l'uccisione dell'attivista per i diritti civili Viola Liuzzo nel 1964. Nel 1964 il Congresso approvò il Civil Rights Act, ponendo fine definitivamente alla segregazione negli Stati del Sud.

Infiltrazione e violenza

Nel 1964, il Federal Bureau of Investigation iniziò il programma COINTELPRO che consisteva nell'infiltrare il Klan nel tentativo di spezzarlo dall'interno. Questo programma dell'FBI coinvolgeva non solo il Ku Klux Klan, ma anche qualsiasi altro individuo e organizzazione che potesse disturbare il processo di emancipazione. Sul lato destro dello spettro questo era principalmente il KKK, mentre sul lato sinistro era principalmente il movimento dei Weathermen ad essere preso di mira.

Persino l'organizzazione pacifista di Martin Luther King, la Southern Christian Leadership Conference, cadde vittima del COINTELPRO. Infatti, il programma riuscì a sradicare il Klan e ad aumentare le lotte interne. All'interno del Klan, chiunque era improvvisamente disprezzato e sospettato come un potenziale infiltrato dell'FBI, paralizzando l'organizzazione internamente. Il più famoso infiltrato dell'FBI nel Klan fu Bill Wilkinson che riuscì persino a diventare leader del Klan.

Negli anni '70, il Ku Klux Klan affrontò due nuove sfide, in particolare il fenomeno della desegregazione pratica e l'immigrazione di massa. Per evitare che le leggi di desegregazione rimanessero un guscio vuoto, il governo degli Stati Uniti ricorse al busing di desegregazione o busing forzato, raccogliendo i bambini neri con autobus per lasciarli nelle scuole bianche. Il Klan compì diversi attacchi a questi autobus.

(Una marcia del KKK)

L'attacco più famoso ebbe luogo nel 1971 a Pontiac, Michigan, dove dieci scuolabus furono fatti esplodere simultaneamente in un deposito. Il Klan - sotto la guida del carismatico David Duke - fu anche attivamente coinvolto nella crisi degli scuolabus di South Boston nel 1974. Poi ancora, specialmente in California, il Klan organizzò le proprie guardie di confine - guidate da Tom Metzger - contro il crescente flusso di clandestini messicani.

Nel 1979, il Massacro di Greensboro ebbe luogo nella Carolina del Nord in cui cinque membri del Partito Comunista dei Lavoratori furono uccisi durante una manifestazione anti-Klan.

Durante questo periodo aumentò anche l'opposizione al KKK. Le auto dei membri del Klansmen venivano sparate, i bambini neri ridevano degli uomini mascherati. Praticamente ogni riunione del Klan fu interrotta da azioni di milizie nere armate. Ogni manifestazione del Klan fu accolta con controdimostrazioni e violenza.

Nel 1981, Michael Donald fu linciato dal Ku Klux Klan. Questo portò al più grande processo del Klan di sempre, in cui lo United Klans of America, uno dei principali gruppi scissionisti del Klan, fu condannato e successivamente mandato in bancarotta. Questa condanna sollevò dubbi all'interno del Klan sulla sua stessa vulnerabilità e da allora in poi rese impossibile qualsiasi rigida gerarchia centrale. Specialmente dopo l'era di David Duke, il KKK si frammenterà in piccoli Klans indipendenti.

Il Ku Klux Klan nel presente

Il potere e l'influenza del Ku Klux Klan sono ancora spesso dibattuti e discussi negli Stati Uniti. Anche i media giocano un ruolo molto importante nel mantenere vivo il mito del KKK - che oggi sarebbe diventato una vera e propria leggenda metropolitana - facendo riferimento al Ku Klux Klan in ogni occasione.

I processi a Rodney King e Edgar Ray Killen e l'assassinio di Timothy McVeigh in Oklahoma sono solo alcuni esempi. Inoltre, il presunto legame tra il Klan, la John Birch Society e la National Rifle Association contribuisce a perpetuare la leggenda del Klan con il dispiacere di entrambe le organizzazioni.

Ci sono pochissime informazioni sul numero di membri dell'attuale Klans, così come sulle sue finanze e sul suo effettivo peso. La posizione ufficiale del governo è di silenzio. Un Klan moderno non esiste ai loro occhi. Nel 2002 l'Anti-Defamation League ha pubblicato un rapporto sull'Estremismo in America che diceva Oggi non esiste il Ku Klux Klan. La frammentazione, il decentramento e il declino sono continuati senza sosta.

 Nonostante questo, molti ricercatori considerano ancora il Klan l'organizzazione estremista di destra più influente e potente degli Stati Uniti e che si dice sia ancora presente appena sotto la superficie. Specialmente negli stati del Sud, il Klan può effettivamente ancora contare su una simpatia nostalgica, ma la marginalizzazione del Klan contemporaneo da parte dei White Trailer Park Trash e degli skinheads - che sono diventati il prototipo dei Klansmen - erode ulteriormente questa simpatia.

L'ultimo ex Klansman conosciuto ancora attivo nella politica nazionale fino a poco tempo fa era Robert Byrd, un senatore democratico della West Virginia. Robert Byrd si è scusato pubblicamente per i suoi peccati giovanili e ha preso le distanze dal Klan in numerose occasioni. Ha espresso il suo più profondo rammarico per il suo ruolo di Grande Ciclope e Kleagle (un Klansman responsabile del reclutamento) con il Ku Klux Klan, così come per le sue dichiarazioni del 1958 - quando partecipò per la prima volta alle elezioni del Senato - in cui glorificava il Klan e minimizzava o addirittura negava totalmente ogni accusa. Byrd è morto nel giugno 2010.

Capitolo 3: Martin Luther King Jr.

King nacque come nipote e figlio di ministri della Ebenezer Baptist Church di Atlanta, nello stato meridionale della Georgia. Ben presto scoprì che c'erano ancora molti pregiudizi nei confronti degli afroamericani nel Sud e voleva cambiarli.

Il suo desiderio era quello di rendere uguali i neri e i bianchi.

Dopo la morte di sua nonna, tentò il suicidio all'età di 12 anni buttandosi dal secondo piano di una casa.

All'età di 15 anni, andò a lavorare in una piantagione di tabacco nel Connecticut, più a nord degli Stati Uniti, e rimase colpito dal rapporto bonario tra bianchi e neri. Nel 1953 sposò la musicista Coretta Scott.

Gli anni '50

King ha studiato teologia al Crozer Theological Seminary di Chester, in Pennsylvania. Nel 1955 ottenne il dottorato (Ph.D.). Poi si dedicò al suo ministero come pastore della Dexter Avenue Baptist Church di Montgomery, Alabama, alla quale suo padre lo aveva confermato il 31 ottobre (Giorno della Riforma) 1954. Mentre era lì, fu testimone di un incidente che fece precipitare il movimento dei diritti civili.

Il 1° dicembre 1955, la nera Rosa Parks rifiutò di cedere il suo posto su un autobus a un passeggero bianco. I neri dovevano sedersi in fondo all'autobus secondo le ordinanze locali. La polizia (anch'essa bianca) fu chiamata e vendicò l'autista e il passeggero bianchi. Rosa Parks fu espulsa dall'autobus e successivamente arrestata.

(Il boicottaggio degli autobus di Montgomery)

La comunità nera di Montgomery, guidata dal reverendo King, rispose all'incidente con un boicottaggio di successo degli autobus (1955-1956) e ottenne una grande vittoria quando anche la compagnia di autobus di Montgomery dovette permettere ai neri di sedersi in qualsiasi posto sull'autobus. Dopo questo, King raggiunse presto la ribalta nazionale per il suo eccezionale carisma e coraggio personale. In numerose occasioni fece da oratore, denunciando la discriminazione contro i neri.

King fondò la Southern Christian Leadership Conference (SCLC) e ne assunse la presidenza. L'associazione gli permise di tornare ad Atlanta e dedicarsi alla lotta per l'uguaglianza dei neri americani, il cui grande esempio fu il Mahatma Gandhi, anche lui impegnato nella forza di volontà e nella nonviolenza nelle proteste.

La filosofia di resistenza non violenta di King portò al suo arresto in numerose occasioni. King era odiato dai sostenitori della segregazione razziale negli stati del sud. Ci fu un attacco alla sua residenza e lui e altri leader neri furono condannati con l'accusa di cospirazione.

Nel 1959 visitò l'India e, sulla via del ritorno, fece il Libano e diverse città della Cisgiordania occupata dai giordani e la città vecchia di Gerusalemme. Tornato a casa, notò che c'era un confine e che se avesse visitato Israele, non avrebbe più potuto entrare nei paesi arabi. Israele lo invitò ripetutamente negli anni '60.

Lo prese in considerazione per poi cancellarlo comunque. In una lettera, scrisse del suo desiderio di visitare "la Terra Santa" (se l'agenda del Movimento dei Diritti Civili lo permetteva) e dell'importanza della fratellanza umana (Brotherhood), anche qui. Apprezzava lo Stato d'Israele come democrazia. Morì meno di un anno dopo la Guerra dei Sei Giorni.

Gli anni '60

Ciononostante, le campagne di King ebbero successo: il 28 agosto 1963 tenne un discorso alla Marcia su Washington, alla quale parteciparono più di 250.000 persone e dove Mahalia Jackson cantò "I've been buked, and I've been scorned" su sua richiesta.

Nel suo discorso descrisse che bianchi e neri possono vivere insieme e pronunciò le leggendarie parole "I have a dream". Nel 1964 gli fu assegnato il premio Nobel per la pace. Il 6 agosto 1965, il presidente Lyndon B. Johnson firmò il "Voting Rights Act", soddisfacendo la maggior parte delle richieste di King.

La posizione di leadership di King all'interno del movimento per i diritti civili fu messa in discussione a metà degli anni '60, quando ci furono voci che chiedevano azioni più militanti piuttosto che la protesta pacifica cercata da King.

Tuttavia, ha mantenuto la sua importante posizione e ha iniziato a concentrarsi su altre questioni. Per esempio, criticò la guerra del Vietnam e rese nota la sua preoccupazione per la povertà.

Il 4 aprile 1967, esattamente un anno prima della sua morte, King parlò chiaramente contro il ruolo degli Stati Uniti nella guerra, affermando che gli Stati Uniti erano in Vietnam per "occuparlo come una colonia americana" e che gli Stati Uniti avevano bisogno di cambiamenti morali.

La morte di Martin Luther King

Il 4 aprile 1968, King fu ucciso a Memphis sul balcone del Lorraine Motel (dal 1991 il National Civil Rights Museum). L'assassinio portò a un'ondata di rivolte in più di 60 città degli Stati Uniti, uccidendo 39 persone.

Il presidente Lyndon B. Johnson dichiarò il 7 aprile 1968 un giorno di lutto nazionale. Al funerale di King, il 9 aprile 1968, parteciparono oltre 150.000 persone. Milioni di persone in tutto il mondo guardarono attraverso la televisione. In molti paesi, le bandiere degli edifici governativi furono appese a mezz'asta.

James Earl Ray, un criminale che non aveva mai usato violenza prima, confessò l'omicidio su consiglio del suo avvocato ed evitò così la pena di morte. Fu condannato a 99 anni di prigione. Per il resto della sua vita, cercò di ritrattare la sua confessione, sostenendo che c'era stata una cospirazione. Nel 1997, questa opinione fu sostenuta da membri della famiglia di King. Ray morì in una prigione nel 1998. Nel 1999, la famiglia di King vinse un processo con giuria a Memphis contro Loyd Jowers, che sostenne di aver commesso l'omicidio per conto di una figura mafiosa. Tuttavia, molti esperti non furono convinti dal verdetto e nel 2000, dopo un'indagine di 18 mesi, si concluse che non c'erano prove contro Jowers.

Capitolo 4: Potere Nero

Il Black Power è stato un movimento politico tra i neri americani alla fine degli anni '60 e all'inizio degli anni '70.

Il Black Power sottolineava l'espressione di una nuova coscienza razziale tra i neri negli Stati Uniti. In un senso più ampio, il termine si riferiva alla scelta consapevole che i neri americani fecero per promuovere i loro interessi e valori collettivi, per proteggere il proprio benessere e per ottenere un certo grado di autonomia.

Il primo a usare il termine "potere nero" in ambito politico in pubblico fu Robert F. Williams, uno scrittore e pubblicista degli anni '50 e '60. Il termine fu adottato da Mukasa Dada (meglio conosciuto come Willie Ricks), il co-direttore e portavoce dello Student Nonviolent Coordinating Committee (SNCC), un'organizzazione studentesca contro la violenza sui neri negli Stati Uniti. Quando Mukasa Dada usò apertamente il termine in un periodo di integrazione razziale, ricevette il sostegno di migliaia di persone della classe media nera. Questa aperta consapevolezza di sé fu vista da alcuni neri come una scelta strategica. Il termine fu poi usato in un contesto più mite.

La fama mondiale arrivò al movimento Black Power alle Olimpiadi estive del 1968 a Città del Messico. I due atleti neri Tommie Smith e John Carlos impallinato i loro pugni guantati alla cerimonia di medaglia e successivamente sono stati ritirati dalle Olimpiadi estive dal Comitato Olimpico degli Stati Uniti.

A livello internazionale, il movimento ha una diversa ramificazione. A livello internazionale, il termine potere nero include l'internazionalismo africano, il panafricanismo, il nazionalismo nero e solo elementi di supremazia nera.

Mentre il movimento è andato per la sua strada a livello internazionale, alcuni attivisti neri negli Stati Uniti si definiscono "Nuovi Africani". Essi credono che i neri negli Stati Uniti dovrebbero lavorare per un proprio stato-nazione indipendente costituito dalla "Black Belt South", dove la concentrazione della popolazione nera è più alta.

Capitolo 5: Jesse Jackson

Jesse Louis Jackson, Sr. nato Jesse Louis Burns a Greenville, South Carolina, l'8 ottobre 1941, è un pastore battista americano, politico e attivista dei diritti civili.

Dopo aver concluso gli studi di teologia, Jackson divenne uno stretto collaboratore di Martin Luther King ed era al suo fianco quando King fu assassinato. Più tardi quell'anno, nel 1968, fu confermato ministro battista.

Jackson fondò nel 1974 il PUSH (People United to Serve Humanity), un'organizzazione destinata a coinvolgere maggiormente i neri nell'economia, e nel 1986 divenne presidente della Rainbow Coalition, un'organizzazione che riuniva vari gruppi di minoranze, attivisti per la pace, organizzazioni ambientali e gruppi politici a sostegno dei poveri. Nel 1996, le due sono state fuse.

Negli anni '80, Jackson crebbe fino a diventare un portavoce chiave del movimento per i diritti civili delle minoranze e degli afroamericani negli Stati Uniti. Tentò due volte, nel 1984 e nel 1988, di vincere la nomination democratica per la presidenza, e anche se fallì entrambe le volte, ciò dimostrò che gli afroamericani erano ormai diventati un fattore politico importante all'interno del Partito Democratico.

Jackson divenne anche noto per aver negoziato, a volte con successo, con i leader di paesi di altri blocchi di potere come Siria, Iraq e Cuba per il rilascio di prigionieri americani, e Bill Clinton lo onorò con la Medaglia Presidenziale della Libertà, il più alto riconoscimento civile negli Stati Uniti. Jerry Brown, ex governatore della California, considerò di scegliere Jackson come suo candidato a vicepresidente nel 1992. Questo cadde male con la comunità ebraica di New York, poiché Jackson aveva fatto diversi commenti antisemiti in passato, sui quali Clinton vinse brillantemente le primarie.

Jackson fu poi coinvolto nelle manifestazioni contro la guerra in Iraq. Suo figlio, Jesse Jackson Jr. è stato membro della Camera dei Rappresentanti.

Capitolo 6: N.A.A.C.P.

La National Association for the Advancement of Colored People (NAACP) è uno dei più antichi movimenti per i diritti civili negli Stati Uniti e una forza trainante nel più ampio movimento per i diritti civili degli afroamericani. L'organizzazione è stata fondata nel 1909 a beneficio dei cittadini afroamericani.

Il quartier generale della NAACP è a Baltimora, Maryland, ma ci sono anche uffici in California, New York, Michigan, Missouri, Georgia e Texas. Ognuno di questi uffici regionali si occupa delle attività dell'organizzazione nei rispettivi stati e in quelli circostanti.

Storia del NCAAP

Nel 1905, 32 prominenti afroamericani, guidati da William DuBois, si incontrarono per discutere i problemi della "gente di colore" e le possibili soluzioni ad essi. A causa della segregazione razziale negli hotel, i 32 si incontrarono in un hotel sul lato canadese delle cascate del Niagara; perciò furono anche chiamati il Movimento del Niagara.

Un anno dopo, tre bianchi si unirono al gruppo: William Walling, un giornalista, e gli assistenti sociali Mary White Ovington e Henry Moscowitz. Per espandere il capitale del gruppo e quindi le sue capacità, fu chiesto a sessanta prominenti americani di unirsi. Fu organizzata una conferenza per il 12 febbraio 1909 (il centesimo compleanno di Abraham Lincoln); anche se la riunione non ebbe luogo fino a più di tre mesi dopo, questa data è spesso citata come la data di fondazione della NAACP.

Il 30 maggio 1909, il Movimento del Niagara si riunì a New York. In questa riunione fu formato il National Negro Committee, con quaranta membri. Tra i presenti c'era l'attivista per i diritti civili Ida Wells. Nel 1910, il nome dell'organizzazione fu cambiato in National Association for the Advancement of Colored People.

La NAACP usò principalmente le cause legali per forzare misure che garantissero l'uguaglianza tra neri e bianchi. Nel 1954, l'organizzazione vinse una causa alla Corte Suprema Federale per conto degli scolari neri di quattro stati diversi, abolendo la segregazione razziale nelle scuole pubbliche.

Cronologia del NCAAP

1909 - 1941

- **1909:** *Il 12 febbraio viene formato il National Negro Committee. Tra i suoi fondatori ci sono Ida Wells, William DuBois e William Walling.*
- **1910:** *La NAACP inizia a intentare cause nel caso Pink Franklin per aiutare un bracciante nero che aveva ucciso un poliziotto quando quest'ultimo aveva fatto irruzione nella sua casa alle 3 del mattino per arrestarlo per violazione di domicilio.*
- **1913:** *La NAACP manifesta contro la decisione del presidente Woodrow Wilson di introdurre ufficialmente la segregazione razziale nel governo federale.*
- **1914:** *Il professore emerito Spingarn della Columbia University diventa presidente della NAACP, e recluta alcuni importanti leader ebrei nell'organizzazione.*
- **1915:** *La NAACP organizza una protesta nazionale contro il film muto razzista Birth of a Nation di D.W. Griffith.*
- **1917:** *In Buchanan contro Warley, la Corte Suprema Federale degli Stati Uniti decide che gli stati non possono costringere i cittadini afroamericani a vivere in quartieri diversi da quelli dei bianchi. Inoltre, la NAACP ha vinto una causa che permette ai neri di diventare ufficiali nell'esercito.*
- **1918:** *Dopo le pressioni della NAACP, il presidente Wilson si dichiara contrario al linciaggio.*
- **1919:** *La NAACP invia un inviato in Arkansas, dove duecento agricoltori neri erano stati assassinati in ottobre. L'organizzazione fornisce avvocati per cinquanta neri che sono stati processati il mese successivo in un processo dominato dai bianchi.*
- **1920:** *La conferenza annuale della NAACP si tiene ad Atlanta, Georgia, per mettere in ginocchio il Ku Klux Klan.*
- **1922:** *Gli annunci della NAACP appaiono sui giornali nazionali presentando i fatti sul linciaggio.*
- **1930:** *Dopo le proteste della NAACP, al candidato John Parker viene negato un posto alla Corte Suprema Federale perché ha approvato leggi discriminatorie.*

- **1935:** *Charles Houston e Thurgood Marshall, due avvocati della NAACP, vincono una causa che obbliga la facoltà di legge dell'Università del Maryland ad ammettere uno studente nero.*
- **1939:** *Dopo che le Figlie della Rivoluzione Americana vietano a un cantante nero di esibirsi nella loro sede, la NAACP sposta il suo concerto al Lincoln Memorial, dove attira 75.000 spettatori.*
- **1941:** *Durante la seconda guerra mondiale, la NAACP si attivò per assicurare che il presidente Franklin Roosevelt avesse una politica non discriminatoria nell'industria bellica.*

1950 - 1990

- **1954:** *La NAACP vince la causa Brown v. Board of Education, rendendo illegale la segregazione razziale nelle scuole pubbliche.*
- **1955:** *L'attivista per i diritti civili e membro della NAACP Rosa Parks si rifiuta di cedere il suo posto su un autobus a Montgomery, Alabama, a un compagno bianco, ponendo le basi per l'avversione pubblica alla segregazione negli Stati Uniti.*
- **1960:** *A Greensboro, North Carolina, i giovani membri della NAACP tengono proteste non violente nelle mense segregate. Le dimostrazioni portano alla desegregazione di più di sessanta negozi.*
- **1963:** *Dopo una manifestazione di massa per l'uguaglianza dei diritti dei neri, l'unico consigliere della NAACP, Medgar Evers, viene assassinato davanti alla sua casa a Jackson, Mississippi.*
- **1963:** *La NAACP fa pressione per il passaggio della legge sulle pari opportunità di impiego.*
- **1964:** *La Corte Suprema federale decide che lo stato dell'Alabama non può vietare le attività della NAACP.*
- **1965:** *La NAACP accoglie il suo 80.000° membro.*
- **1983:** *Più di 850.000 elettori neri si registrano su sollecitazione della NAACP. Inoltre, la Corte Suprema Federale decide in una causa intentata dall'università che il presidente Ronald Reagan non può dare sgravi fiscali alla segregata Bob Jones University.*
- **1985:** *La NAACP organizza una grande manifestazione anti-apartheid a New York.*
- **1989:** *Molti membri della NAACP camminano in una marcia silenziosa di 100.000 persone per manifestare contro le decisioni della Corte Suprema che avevano rovesciato diverse sentenze precedenti contro la discriminazione.*

1990 e oltre

- **1991:** *Quando il leader del Ku Klux Klan David Duke si rese disponibile come senatore in Louisiana, la NAACP chiamò i neri a registrarsi. Alla fine, ci fu un'affluenza del 76% tra gli elettori neri, quindi Duke non fu eletto.*
- **1995:** La *vedova di Medgar Evers assassinato, Myrlie Evers-Williams, entra nel consiglio della NAACP.*
- **1996:** *Kweisi Mfume lascia la Camera dei Rappresentanti per diventare direttore della NAACP.*
- **2000:** *Grazie in parte alle azioni della NAACP, l'elezione presidenziale ha la più alta affluenza di elettori neri di sempre.*
- **2000:** *Il 17 gennaio, più di cinquantamila persone protestano contro una marcia di protesta della NAACP a Columbia, South Carolina, per l'uguaglianza dei diritti.*

Capitolo 8: Rinascimento di Harlem

L'Harlem Renaissance fu un movimento intellettuale, sociale e artistico di scrittori e artisti afroamericani che emerse negli anni venti. Spesso il nome è associato agli scrittori neri americani di quel periodo. In olandese, il nome è quindi usato senza essere tradotto. Importanti rappresentanti e fondatori furono Alain Locke e Zora Neale Hurston.

I preliminari del Rinascimento di Harlem

La letteratura sul e del neri aveva, nella prima fasi, un carattere difensivo. Si rivolgeva in qualche modo contro la schiavitù ed era spesso scritta da bianchi. L'esempio più noto, naturalmente, è Uncle Tom's The Negro Cabin di Harriet Beecher Stowe. Ma anche i neri stessi descrissero la loro condizione, a volte in testi di un contenuto letterario superiore a quello dello Zio Tom. Un tale testo sottolineava spesso il fatto che il nero era anche un essere umano, che inoltre sapeva adattarsi al modo di vivere dei bianchi.

La guerra civile americana (1860-1865) sembrò migliorare la sorte dei neri, ma il progresso rimase limitato. La maggior parte di loro viveva nel Sud, il perdente del conflitto, una regione che rimase indietro economicamente e culturalmente dopo la guerra civile.

Miglioramento

All'inizio del ventesimo secolo, una serie di fattori portò ad un miglioramento della posizione dei neri. Nella stessa America, i bianchi si stavano interessando al loro modo di vivere e anche al jazz, mentre in Europa l'arte etnica era diventata di moda. Dalla Giamaica arrivò una nuova autocoscienza tra la popolazione nera. Questa autocoscienza si manifestò negli Stati Uniti in modi come la fondazione della National Association for the Advancement of Colored People (1909) e il movimento Back to Africa guidato da Marcus Garvey.

Ma forse il fattore più importante fu quello demografico: prima e dopo la prima guerra mondiale, molti neri migrarono dalle campagne del sud verso le città del nord, inizialmente soprattutto per lavorare nell'industria bellica o per diventare soldati.

Quella che prima era stata una cultura rurale ora divenne una cultura di città. Questa ondata migratoria è conosciuta come la Grande Migrazione. Il quartiere di Harlem a New York City ospitò più di 100.000 migranti dopo la prima guerra mondiale, e fu qui che iniziò l'Harlem Renaissance, composta da scrittori e artisti neri che rifiutarono gli stereotipi del XIX secolo associati alla sottomissione ai bianchi. Si chiamavano anche New Negroes.

Rinascita letteraria

Questa Grande Migrazione portò una rinascita culturale tra i neri che fu accompagnata da una crescente consapevolezza di sé. Quelli che avevano servito come soldati all'estero avevano scoperto che la gente altrove era meno sprezzante nei loro confronti che in patria. Una maggiore consapevolezza di sé era, paradossalmente, anche stimolata dall'essere così visibilmente diversi in un nuovo, ancora ostile ambiente delle grandi città. La Grande Migrazione stessa fu lo scenario del romanzo Cane (1923) di Jean Toomer, ma dopo di esso Toomer si allontanò dal movimento e dalla letteratura. Le prime poesie di Langston Hughes, The Weary Blues, apparvero nel 1926.

I romanzi dell'Harlem Renaissance possono essere divisi in tre gruppi, secondo il loro atteggiamento nei confronti delle relazioni tra bianchi e neri: adattamento, cauta autoaffermazione e tradizione propria.

Adattamento

Nel romanzo di adattamento, la persona di colore assomiglia il più possibile a una persona bianca. Ha una professione rispettabile come il medico o l'avvocato e anche la sua pelle è di colore chiaro. Un esempio è There Is Confusion (1924) di Jesse Fauset, lei stessa insegnante di francese e poi editor letteraria e quindi un esempio del nero arrivato. La sua opera, tuttavia, si occupa dell'odio di sé che era insito nel vivere in mezzo ai pregiudizi.

Passing (1929) di Nella Larsen ha persino l'adattamento come titolo: passing significa passare sopra, adattarsi. La stessa Larsen era una nera dalla pelle chiara - sua madre era danese - e la sua opera presenta donne dalla pelle chiara o razzialmente miste.

Cauta autoaffermazione

Nei romanzi di cauta autoaffermazione, si sceglie il proprio background nero, anche se con limitazioni e definito dalla cultura bianca dominante. Il poeta e romanziere Claude McKay ottenne grande popolarità con il suo Home to Harlem (1928), la storia di un disertore nero che ritorna in una Harlem in cui è in corso una rivolta razziale e che è piena di vita. Molti di questi romanzi sono ambientati ad Harlem, ma non God Sends Sundays (1931) del romanziere e poeta Arna Bontemps, che colloca il suo romanzo a New Orleans.

La loro tradizione

Una centralità del proprio habitat nero, non come esistenza secondaria, ma come scena primaria del descritto, si trova già nel già citato Cane. Così facendo, Toomer ha scritto un libro sperimentale che include poesia e dramma oltre alla prosa. La sostanza è l'esperienza di essere nero. La stereotipizzazione dei personaggi neri rispettabili è abbandonata enfaticamente anche da una delle figure più importanti dell'Harlem Renaissance, l'antropologa e folclorista Zora Neale Hurston.

La sua opera ha come ambientazione il Sud; Jonah's Gourd Vine (1934) fu seguito dalla sua opera più importante, Their Eyes Were Watching God (1937). In questo romanzo, il linguaggio utilizzato, soprattutto attraverso i dialoghi in lingua regionale, è molto evocativo e lirico. Al centro c'è una donna che riesce a plasmare la propria vita, senza nemmeno scusarsi per questo.

La fine del Rinascimento di Harlem

I romanzi della Hurston apparvero negli anni '30 quando l'Harlem Renaissance aveva già cessato di esistere come movimento. La Grande Depressione vi aveva posto fine. Un'opinione alternativa, quindi, è che God Sends Sundays fosse già l'ultimo libro del periodo nel 1931; tuttavia, questo non rende sufficiente giustizia alla posizione di Hurston. Un fattore completamente diverso che aveva reso l'Harlem Renaissance una cosa del passato era l'arrivo di un nuovo grande talento letterario: con Native Son (1940), Richard Wright prese una nuova direzione.

Ciononostante, l'Harlem Renaissance ebbe un importante effetto collaterale. Langston Hughes continuò a pubblicare negli anni 60 (morì nel 1967), e l'influenza di Zora Neale Hurston su un autore importante come Toni Morrison è innegabile.

Capitolo 9: Malcolm X

Malcolm X, nato Malcolm Little, nato a Omaha, Nebraska, il 19 maggio 1925, e morto a New York, il 21 febbraio 1965 è stato uno dei leader e portavoce americani della Nation of Islam, un'organizzazione musulmana afroamericana che si batteva, tra le altre cose, per la parità di diritti dei neri. Fu uno dei fondatori della Muslim Mosque, Inc. e della Organization of Afro-American Unity. Fu assassinato all'inizio del 1965.

Durante la sua vita, si è trasformato da piccolo criminale in uno dei leader neri separatisti più militanti degli Stati Uniti che ha guadagnato fama mondiale come sostenitore del panafricanismo. Il suo "cognome" X è un riferimento al passato degli afroamericani che vennero in America come schiavi. Nel processo, a molti fu dato lo stesso cognome di quello dei loro proprietari. La X indica la perdita del nome e dell'identità.

Il background di Malcolm X

Malcolm nacque il 19 maggio 1925 a Omaha, Nebraska, quarto figlio di un totale di sette discendenti di Earl e Louise Little. Suo padre, un pastore battista convinto e sostenitore di Marcus Garvey, morì in un incidente stradale, anche se ci sono voci che dicono che sia stato assassinato da razzisti bianchi.

Otto anni dopo, nel 1939, Louise Little fu ricoverata in un ospedale psichiatrico dove rimase per ventisei anni finché Malcolm e i suoi fratelli non la fecero dimettere.

Malcolm lasciò la scuola superiore e, dopo aver trascorso del tempo in diverse case famiglia, si trasferì a Boston per vivere con la sorellastra. Durante questo periodo, trovò lavoro come lustrascarpe in un nightclub Lindy Hop. Nella sua autobiografia, racconta che gli fu permesso di lucidare le scarpe di Duke Ellington e di altri famosi musicisti neri.

Dopo qualche tempo, si trasferisce a New York dove viene coinvolto nel circuito criminale nel quartiere di Harlem. Spaccio di droga, gioco d'azzardo, prostituzione e rapine definiscono le sue giornate per un certo periodo. Per evitare di essere arruolato nell'esercito americano durante la seconda guerra mondiale, si finge pazzo durante la visita medica.

Prigione

Il 12 gennaio 1946, all'età di 20 anni, Malcolm fu condannato da otto a dieci anni di prigione per furto con scasso, possesso di armi da fuoco e furto. Per strada era soprannominato Red a causa del colore dei suoi capelli rossi, che doveva alla carnagione chiara di sua madre, che a sua volta aveva una carnagione così chiara perché suo padre era scozzese. In prigione era soprannominato Satana dai suoi compagni di detenzione perché bestemmiava costantemente.

Nel 1948, un compagno di detenzione lo introdusse agli insegnamenti della Nation of Islam. La Nazione dell'Islam si descrive come un gruppo islamico militante che sostiene che la maggior parte degli africani erano musulmani prima di essere catturati e deportati in America. Proclamano che tutti gli afroamericani devono convertirsi per tornare alla loro eredità rubata. La Nation of Islam si considera un gruppo nazionalista che cerca uno stato indipendente per i neri all'interno degli attuali Stati Uniti.

Malcolm studiò gli insegnamenti di Elijah Muhammad, acquisendo molte conoscenze sulla Nazione dell'Islam. Ella, la sua sorellastra, fece in modo che fosse trasferito in una prigione con un regime meno rigido nel Massachusetts. Qui continuò a svilupparsi attraverso lo studio autonomo e iniziò un'intensa corrispondenza, col tempo anche quotidiana, con Elijah Muhammad che divenne il suo mentore.

Dopo la sua libertà condizionata il 7 agosto 1952, Malcolm si è abbinato ad un'immagine distinta e borghese con cravatta, occhiali, valigetta e orologio.

Nazione dell'Islam

Nel 1952, dopo molti scambi di lettere dalla prigione, Malcolm incontrò Elijah Muhammad a Chicago. In quel momento, sostituì il suo cognome con il familiare X, in opposizione al suo nome da schiavo, Little. Più tardi, avrebbe adottato il nome musulmano El-Hajj Malik El-Shabazz.

Il suo profondo impegno nell'organizzazione lo portò ad aprire diversi templi in tutto il paese e a condurvi i servizi come pastore. Grazie alla sua capacità di tenere discorsi infuocati e ispiratori, fu presto considerato il secondo in comando della Nation of Islam.

Nel 1958 sposò Betty Jean Sanders a Lansing, nel Michigan. Con lei ha avuto sei figlie: Attilah (1958), Qubilah (1960), Ilyasah (1962), Amiliah (1964) e le gemelle Malaak e Malikah (1965).

Il messaggio di Malcolm sulla segregazione dei neri ispirò il giovane pugile di punta Cassius Clay a convertirsi all'Islam e ad unirsi ai Musulmani Neri, come veniva chiamata all'epoca la Nation of Islam. Malcolm X divenne suo amico e mentore. Questa adesione fu degna di nota perché fino ad allora la Nazione si era sempre opposta per principio allo sport della boxe, che era considerato haram. Inoltre, la boxe avrebbe confermato ancora una volta i neri nel pregiudizio stereotipato (bianco) della loro natura stupida, sottomessa e violenta.

Intorno al 1963, nacquero tensioni all'interno della Nation of Islam. La popolarità di Malcolm, e soprattutto la sua amicizia con Cassius Clay, suscitò l'invidia di Elijah Muhammad e di altri capi dell'organizzazione. Per vendicarsi, Elijah diede a Muhammad Clay il nome onorifico islamico "Muhammad Ali" a condizione che interrompesse ogni contatto con Malcolm.

Dopo che Malcolm fece anche commenti denigratori sull'assassinio del presidente degli Stati Uniti John F. Kennedy ("i polli stanno venendo ad appollaiarsi"; "ciò che va in giro viene in giro"), Elijah Muhammad gli impose un divieto di parlare in pubblico per 90 giorni il 4 dicembre 1963. Malcolm ignorò questo divieto e lasciò la Nation of Islam disilluso l'8 marzo 1964.

Nel 1964 Malcolm iniziò a lavorare alla sua autobiografia in collaborazione con Alex Haley.

Addio alla Nazione dell'Islam

Scioccato dalle voci persistenti (e poi confermate dal figlio di Muhammad, Wallace) sulle relazioni adulterine di Elijah Muhammed con sei giovani segretarie private e da varie minacce di morte fatte contro di lui da Muhammad, Malcolm X annunciò l'8 marzo 1964 che si sarebbe allontanato dalla Nazione dell'Islam e avrebbe fondato la Muslim Mosque, Inc. Durante questo periodo, rimase ancora fedele ai principi della Nazione dell'Islam. Nell'aprile di quell'anno, pronunciò il suo famoso discorso Ballot or the Bullet. Secondo lui, la violenza nera era ancora giustificata come autodifesa o in risposta alla violenza o alle ingiustizie commesse dai bianchi.

Malcolm entrò in contatto con diversi musulmani sunniti, che lo incoraggiarono a conoscere il loro modo di credere. Presto si convertì all'Islam sunnita, il che lo portò a fare lo Hadj alla Mecca nell'aprile 1964. Di fronte alle decine di migliaia di pellegrini di tutte le razze, gradi e classi, compresi alcuni musulmani bianchi, Malcolm X, che d'ora in poi si ribattezzò Malek El-Shabazz, rivede le sue idee razziste di superiorità nera. La sua lunga lotta per forzare una segregazione volontaria degli afroamericani dalla società americana per ritornare nel loro continente d'origine ha lasciato il posto a una, ancora radicale, difesa della piena cittadinanza americana. Anche se l'Arabia Saudita non ha abolito la schiavitù fino al 1962, secondo Malcom X, l'Islam predicava l'uguaglianza razziale, senza distinzione di colore della pelle. Come risultato di questa nuova comprensione e direzione di marcia, cercò un avvicinamento con altri leader politici neri tra cui Martin Luther King. Discutendo e collaborando con loro, sperava di affinare e internazionalizzare la lotta per il movimento dei diritti civili americani. Questo portò ad un unico, breve incontro e ad una stretta di mano tra i due leader attivisti durante una conferenza stampa dopo un'udienza al Senato degli Stati Uniti il 26 marzo 1964. Malcolm X continuò a sostenere il cosiddetto nazionalismo nero, una cooperazione socio-economica di ispirazione marxista tra i neri americani con l'intenzione di stabilire le proprie imprese separate, senza (interferenze da parte dei) cittadini bianchi.

La morte di Malcolm

Il 14 febbraio 1965, la sua casa fu incendiata. Malcolm e la sua famiglia sopravvissero a questo attacco, di cui non fu mai chiaro chi fosse il responsabile.

Una settimana dopo, il 21 febbraio, alla Audubon Ballroom di Manhattan, Malcolm aveva appena iniziato un discorso quando scoppiò un putiferio tra i 400 presenti. Mentre le guardie del corpo di Malcolm cercavano di calmare la situazione, un afroamericano venne avanti di corsa e sparò a Malcolm al petto con un fucile. Altri due uomini seguirono e spararono con le pistole a Malcolm. Gli spettatori riuscirono a sopraffare uno degli assassini.

I tre arrestati erano membri della Nation of Islam. Tutti e tre furono condannati per omicidio nel marzo 1966:

- **Talmadge Hayer ha** *confessato l'omicidio, aveva 22 anni al momento dell'attacco e viveva a Paterson, New Jersey. Era un membro della Nation of Islam ed era stato precedentemente arrestato nel 1961 e nel 1963 rispettivamente per disturbo e possesso di armi rubate. Hayer è stato rilasciato il 27 aprile 2010, dopo 17 condoni.*
- **Norman 3X** *Butler di Muhammad Abd Al-Aziz ha sostenuto la sua innocenza. Fu rilasciato dalla prigione nel 1985. Ed è stato nominato capo della Moschea n. 7 della Nation of Islam ad Harlem da Louis Farrakhan nel 1998.*
- **Thomas 15X Johnson***, che ha cambiato il suo nome in Khalil Islam, è stato rilasciato nel 1987.*

Inizialmente, Talmadge Hayer si rifiutò di rivelare chi fossero i suoi complici. Tuttavia, nel 1977, in due testimonianze ufficiali, dichiarò che Norman 3X Butler e Thomas 15X Johnson erano innocenti e nominò Albert Thomas, William Bradley, Leon David e Wilbur McKinley, tutti ex membri di una moschea di Newark, New Jersey, come Hayer.

Alcuni investigatori indipendenti con una notevole conoscenza dei dettagli del caso hanno accusato l'ex leader della Nation of Islam Louis Farrakhan di essere coinvolto nell'omicidio. Farrakhan stesso continua a negare il coinvolgimento.

Parte 4: Tempi attuali e razzismo (istituzionale)

Capitolo 1: Razzismo istituzionale

Il razzismo istituzionale, il razzismo istituzionalizzato, il razzismo strutturale, il razzismo di stato o il razzismo sistematico è l'esclusione sistematica, la marginalizzazione e la discriminazione di gruppi di popolazione attraverso regole formali o informali basate sulle istituzioni. È irrilevante se gli attori all'interno di queste istituzioni agiscono deliberatamente o meno. Le istituzioni sono definite come tutte le organizzazioni e le strutture all'interno della società, compresi i concetti astratti come lo stato di diritto o i costumi.

Il razzismo istituzionale si differenzia da altre forme di razzismo che hanno luogo principalmente tra individui.

Storia del termine razzismo istituzionale

Gli attivisti americani per i diritti civili Stokely Carmichael (poi conosciuto come Kwame Ture) e Charles Hamilton usarono il termine razzismo istituzionale nel 1967 nel libro Black Power: The Politics of Liberation. Gli autori erano attivisti del Black Power e usavano il termine per descrivere le conseguenze di una struttura sociale con una gerarchia razziale stratificata.

Come conseguenze, hanno citato la discriminazione e l'ineguaglianza contro le minoranze etniche in materia di alloggi, reddito, occupazione, istruzione e salute. Come esempio, hanno citato Birmingham, Alabama, dove hanno detto che cinquecento bambini neri morivano ogni anno a causa della mancanza di un'adeguata nutrizione, alloggi e strutture mediche, e altre migliaia erano fisicamente, emotivamente e intellettualmente devastati e sfigurati dalla povertà e dalla discriminazione nella comunità nera.

Hanno anche chiamato razzismo istituzionale il confinamento dei neri in quartieri fatiscenti e l'essere quotidianamente preda di padroni di casa sfruttatori, strozzini e agenti immobiliari discriminatori.

Nel 1999, il rapporto investigativo del britannico William Macpherson sull'omicidio di Stephen Lawrence ha descritto il termine come: "L'incapacità collettiva di un'organizzazione di fornire un servizio adeguato e professionale alle persone a causa del loro colore, cultura o etnia. Può essere osservato in processi, atteggiamenti e comportamenti che equivalgono alla discriminazione a causa di pregiudizi inconsci, ignoranza, sconsideratezza e stereotipi razzisti che svantaggiano certe popolazioni".

Originariamente, il termine era principalmente un concetto sociologico. Il concetto di razzismo istituzionale è emerso alla fine degli anni '90 dopo una lunga pausa nel discorso politico. Da allora, è un concetto controverso che viene regolarmente criticato.

La parola gruppo è stata usata nei media olandesi dal 1969, con un picco nell'ottobre 2013 quando c'è stata una significativa copertura mediatica del profiling etnico da parte della polizia e nel 2020 alle manifestazioni contro il razzismo dopo la morte dell'americano George Floyd.

Definizioni di razzismo istituzionale

Il razzismo istituzionale è originariamente un termine sociologico definito come segue:

L'esclusione sistematica e/o la discriminazione di gruppi sulla base di regole scritte ma soprattutto non scritte, tradizioni, comportamenti e maniere. È più sottile del razzismo palese, che è semplicemente riconoscibile nei commenti discriminatori degli individui, ed è inconsciamente incorporato nelle strutture della nostra società.

Nel dibattito sociale si tratta di solito della discriminazione sistematica inconscia contro certi gruppi etnici all'interno di grandi organizzazioni. Queste possono essere organizzazioni governative come l'ufficio delle imposte, le agenzie municipali o la polizia, ma anche organizzazioni nel mondo degli affari, come i dipartimenti delle risorse umane delle aziende, l'industria dell'ospitalità o i proprietari di case.

Il dizionario Cambridge English definisce il razzismo istituzionalizzato come politiche, regole, pratiche, ecc., che sono diventate una parte permanente del modo in cui un'organizzazione o una società opera, e che creano e aiutano a mantenere una situazione in cui, in base alla loro razza, alcune persone godono di vantaggi strutturalmente ingiusti e altre subiscono un trattamento ingiusto o dannoso. Il razzismo istituzionale a livello statale può anche essere un sistema globale di discriminazione dall'alto verso il basso, progettato per beneficiare un gruppo di popolazione e dominarlo sugli altri. Questo può essere fatto sulla base dell'ideologia, della religione, della rivendicazione di un territorio o per razzismo classico, dove il gruppo etnico dominante si considera superiore agli altri gruppi etnici.

Classificazione del razzismo istituzionale

Il razzismo istituzionale si manifesta nelle differenze di accesso a beni, servizi e opportunità nella società. Quando queste differenze diventano parte integrante delle istituzioni, creano una pratica comune che è difficile da correggere. In definitiva, questa forma di razzismo si manifesta nelle agenzie governative, nelle imprese e nelle università. Un problema nel ridurre il razzismo istituzionalizzato è che non c'è un colpevole chiaro. Quando il razzismo è incorporato nell'istituzione, si esprime come un'azione collettiva.

Lo psicologo James M. Jones, professore all'Università del Delaware, distingue tre modi in cui il razzismo può verificarsi: personale, interiorizzato e istituzionalizzato.

Il razzismo personale include azioni che derivano da pregiudizi razziali, discriminazione, stereotipi, mancanza di rispetto, sfiducia, svalutazione e disumanizzazione.

Il razzismo interiorizzato si verifica tra gli stessi membri della minoranza etnica e coinvolge le percezioni negative sulle proprie capacità e sul proprio valore intrinseco, come la bassa autostima e la bassa autostima dei loro pari. Questa forma di razzismo può manifestarsi attraverso l'abbraccio della bianchezza, ma anche attraverso la rassegnazione, l'impotenza e la mancanza di speranza. Può manifestarsi in una varietà di modi, come abbandonare la scuola, non votare o non partecipare a screening sanitari.

Il razzismo istituzionale, secondo Jones, si distingue dalle altre forme di razzismo mettendo i gruppi minoritari razziali ed etnici in svantaggio rispetto alla maggioranza razziale o etnica dell'istituzione attraverso politiche, pratiche e strutture economiche e politiche.

Un esempio di razzismo istituzionale è la disparità nei budget e nella qualità degli insegnanti nelle scuole pubbliche negli Stati Uniti. Questi budget sono spesso correlati al valore delle case nella zona: i quartieri ricchi hanno maggiori probabilità di essere più bianchi, di avere insegnanti migliori, e ci sono più soldi per l'istruzione, anche nelle scuole pubbliche. Altri esempi talvolta descritti come razzismo istituzionale includono il profiling etnico da parte delle guardie di sicurezza e della polizia, l'uso di caricature razziali stereotipate, la sottorappresentazione delle minoranze nei mass media, e infine la rappresentazione errata di certi gruppi razziali negli stessi mass media.

Razzismo strutturale

Alcuni ricercatori sociologici distinguono tra razzismo istituzionale e razzismo strutturale. Il primo si riferisce alle norme e alle pratiche all'interno di un'istituzione, il secondo alle interazioni tra le istituzioni; interazioni che producono risultati diversi a seconda dell'etnia della persona coinvolta. Una caratteristica chiave del razzismo strutturale è che non può essere ridotto al pregiudizio individuale o alla singola funzione di un'istituzione.

Osservabilità del razzismo istituzionale

Il razzismo istituzionale può essere profondamente nascosto nelle strutture della società, così che la gente di solito ne è a malapena consapevole. Può essere un comportamento profondamente radicato. Il razzismo istituzionale può anche essere presente nei regolamenti, nelle politiche e nelle procedure di un'organizzazione.

Il razzismo istituzionale si annida nelle comunità omogenee. I membri di una tale comunità - consciamente o inconsciamente - credono che la società ideale dovrebbe essere il più uniforme possibile. C'è quindi poco spazio per la diversità. Alle minoranze e agli altri stranieri viene dato il compito di integrarsi o assimilarsi. I membri di un gruppo omogeneo tendono anche a favorire sistematicamente i membri del proprio gruppo rispetto a quelli che non appartengono al gruppo nelle loro interazioni sociali.

Secondo alcuni punti di vista, c'è una differenza nella percezione del razzismo istituzionale tra le donne e gli uomini. Gli uomini hanno più probabilità di sperimentare la discriminazione istituzionalizzata, le donne hanno più probabilità di sperimentare la discriminazione interpersonale.

Le conseguenze

Una conseguenza del razzismo istituzionale è la discriminazione delle minoranze nella sfera sociale, economica e politica, che riduce la partecipazione delle persone di questi gruppi minoritari in una varietà di attività sociali.

Il razzismo sistemico nel mercato immobiliare crea segregazione nei quartieri bianchi e neri.

Meno opportunità di lavoro significano che le persone appartenenti a minoranze etniche rimangono bloccate in una posizione socio-economica inferiore.

I bambini provenienti da gruppi minoritari sperimentano aspettative strutturalmente più basse nell'istruzione, influenzando la loro scelta della scuola.

A causa del cosiddetto profiling etnico da parte della polizia, c'è una maggiore possibilità di essere arrestati, e quindi una maggiore possibilità di essere sorpresi a commettere un crimine. Di conseguenza, c'è una maggiore possibilità di essere puniti.

Una minore partecipazione alla politica può essere il risultato del razzismo istituzionale nei partiti politici. Questo a sua volta può risultare in una minore considerazione delle minoranze nello sviluppo di leggi e regolamenti.

Il razzismo istituzionale influenza anche l'immagine di sé dei gruppi discriminati. Per esempio, negli anni 40, la coppia Kenneth e Mamie Phipps Clark ha condotto una ricerca con bambini afroamericani sulla loro preferenza per il colore dei disegni e delle bambole e sulla loro autocoscienza. Oltre alla preferenza per il colore della pelle bianca, hanno mostrato un comportamento di evitamento nel rifiuto del proprio colore della pelle. Così facendo, avrebbero interiorizzato la preferenza culturale in tenera età.

Alloggi e mutui

Il razzismo istituzionale nel settore degli alloggi si è visto negli anni '30 con i mutuanti Home Owners Loan Corporation. Per determinare il rischio del mutuo, le banche si basavano sulla posizione della casa. Nei quartieri ad alto rischio di insolvenza, i quartieri "redline", il rischio era valutato più alto.

Questi erano di solito quartieri afroamericani; mentre gli americani bianchi della classe media potevano ottenere mutui, quelli in quei quartieri no. Nel corso di diversi decenni, quando gli americani bianchi della classe media si sono spostati dal centro della città verso case più belle nei sobborghi, i quartieri prevalentemente afroamericani sono stati lasciati indietro. Anche i negozi si trasferirono in periferia per essere più vicini ai loro clienti (bianchi). Dagli anni '30 agli anni '60, il New Deal e la Federal Housing Administration (FHA) di Franklin D. Roosevelt hanno permesso la crescita del capitale della classe media bianca facendo prestiti alle banche che a loro volta finanziavano la proprietà di case da parte dei bianchi, permettendo così la partenza delle famiglie bianche dal centro città.

Le banche non facevano prestiti ai neri. Poiché le minoranze etniche non erano in grado di ottenere finanziamenti e assistenza dalle banche, gli americani bianchi ottennero un crescente vantaggio sugli americani di colore grazie alle plusvalenze. Di conseguenza, la prole della classe media bianca poteva essere finanziata dal patrimonio netto dei proprietari di casa quando andava al college. Questo non era possibile nelle famiglie nere e di altre minoranze.

Tra il 1934 e il 1962, meno del 2% degli alloggi sovvenzionati dal governo sono andati a persone non bianche. Il razzismo istituzionale del modello FHA è stato mitigato negli anni '70. Anche gli sforzi del presidente Obama hanno migliorato la situazione con l'introduzione del Fair Housing Finance.

I programmi descritti sopra e finanziati dal governo degli Stati Uniti hanno avuto un impatto significativo sulle città interne. I quartieri neri si stanno trasformando in deserti alimentari, ma avevano molti negozi di liquori. I quartieri a basso reddito avevano solo piccoli negozi di alimentari indipendenti che in genere dovevano applicare prezzi più alti. I consumatori poveri di questi quartieri o dovevano fare la spesa in quartieri a più alto reddito o spendere di più nel proprio quartiere.

L'odierna segregazione razziale e le disparità di ricchezza tra gli americani di diverso colore della pelle sono il risultato di altre politiche del passato. Per esempio, i lavoratori agricoli e i colletti bianchi, la maggior parte dei quali erano neri, non avevano diritto ai benefici del Social Security Act del 1935. Infatti, i proprietari terrieri del Sud non volevano l'assistenza del governo per cambiare il sistema agricolo. Il Wagner Act del 1935 proibiva anche per legge ai neri di unirsi a qualsiasi sindacato che potesse fornire protezione.

Ricerche in grandi città come Los Angeles e Baltimora mostrano che le comunità di minoranze etniche hanno meno accesso ai parchi e ad altri spazi verdi. I parchi hanno benefici sociali, economici e sanitari. Gli spazi pubblici permettono l'interazione sociale, consentono l'attività fisica quotidiana e migliorano la salute mentale. Le comunità di minoranza hanno anche meno accesso ai processi decisionali che determinano la distribuzione dei parchi.

Razzismo sistemico nell'assistenza sanitaria

Il razzismo istituzionale colpisce l'accessibilità all'assistenza sanitaria nelle comunità di minoranze non bianche. Le minoranze etniche hanno maggiori probabilità di non essere assicurate rispetto alla maggioranza bianca, il che riduce il loro accesso a una varietà di servizi sanitari.

Questo crea disparità di salute tra i gruppi etnici. Di conseguenza, diverse malattie negli Stati Uniti, incluso l'AIDS, sono più comuni tra le minoranze etniche. In un articolo del 1992, Janis Hutchinson sostiene che il governo federale è stato anche lento a rispondere all'epidemia di AIDS nelle comunità minoritarie e che il governo non ha tenuto conto della diversità etnica nella prevenzione e nel trattamento dell'AIDS. La percentuale relativamente alta di detenuti neri ha anche portato a un maggior numero di infezioni da AIDS. Questi uomini hanno sperimentato lo stupro e la tossicodipendenza in prigione che ha comportato l'uso di aghi contaminati. A causa del gran numero di prigionieri della comunità nera, le loro mogli hanno cercato più contatti sessuali al di fuori della prigione, con conseguente maggior rischio di infezione da HIV.

Razzismo sistematico nell'ambiente

Il razzismo istituzionale può anche influenzare la salute delle minoranze attraverso fattori ambientali. Per esempio, la segregazione razziale ha esposto in modo sproporzionato le comunità nere a sostanze chimiche come la vernice a base di piombo, i fumi del diesel, la folla, i rifiuti e il rumore.

Razzismo sistematico nella polizia e nel sistema di giustizia penale

Il razzismo all'interno delle forze di polizia americane è visto come strutturale da alcuni, ma non da tutti. In ogni caso, il razzismo all'interno della polizia americana culmina nell'omicidio da parte di agenti di polizia. Esempi di questi omicidi sono quelli di Michael Brown nel 2014 e George Floyd nel 2020. Uno studio dell'Università di Stanford ha scoperto che gli afroamericani avevano il 20% di probabilità in più di essere controllati ad un fermo stradale. A Los Angeles, il 28% delle persone fermate dalla polizia erano neri, anche se costituiscono solo il 9% della popolazione.

Il razzismo istituzionale si verifica anche nel sistema di giustizia penale. Gli afroamericani hanno più probabilità di essere condannati per reati penali rispetto ai bianchi o alle persone di origine ispanica. Un esempio di questo è la condanna per possesso di cocaina. Anche se circa 2/3 dei consumatori di cocaina negli Stati Uniti sono bianchi o ispanici, nel 1994 l'84,5% degli imputati condannati per possesso di cocaina erano neri, mentre il 10,3% erano bianchi e il 5,2% ispanici. Un'altra manifestazione di ciò è che i casi di omicidio con vittime bianche avevano più probabilità di risultare in una condanna a morte rispetto a quelli con vittime nere.

Razzismo sistematico nel servizio pubblico

In teoria, i dipendenti pubblici sono nominati in base al merito. In pratica, però, ci sono ragioni che impediscono l'integrazione delle minoranze etniche. Il Dipartimento del Lavoro degli Stati Uniti ha iniziato a far rispettare le quote razziali negli anni '70, ma le cause legali si sono rivelate necessarie per ottenere l'effettiva applicazione di queste quote. Nel 1971, i Vulcan Blazers del Dipartimento dei Vigili del Fuoco di Baltimora intentarono una causa storica che portò alla nomina di neri in posizioni di comando nel dipartimento dei vigili del fuoco. Altri gruppi di minoranza hanno seguito il loro esempio e sono andati in tribunale. Nel 2009, la città di Baltimora ha pagato 4,6 milioni di dollari per risolvere un caso di discriminazione degli ufficiali di polizia.

Razzismo sistematico nell'educazione

I test standardizzati sono anche considerati una forma di razzismo istituzionale, poiché sembra che questi test favoriscano le persone provenienti da un certo background socio-culturale. Tuttavia, le cause delle differenze nei risultati dei test non sono ancora del tutto note.

Non è stato fino agli anni '60 che è diventato possibile per i giovani di colore studiare nei college e nelle università. Questo fu possibile grazie alle leggi sui diritti civili e sull'istruzione superiore. Tuttavia, le barriere all'integrazione rimasero nelle istituzioni di istruzione superiore prevalentemente bianche. Era anche difficile per molti studenti neri frequentare il college a causa della scarsa qualità dell'istruzione primaria e secondaria nelle scuole segregate.

Razzismo sistemico in politica

La rappresentanza nera nel Congresso degli Stati Uniti è sempre rimasta bassa dall'abolizione della schiavitù. Durante l'amministrazione Nixon, c'erano 11 rappresentanti neri, dieci nella Camera dei Rappresentanti e uno al Senato. Dopo di allora, la rappresentanza dei neri ha cominciato ad aumentare.

Capitolo 2: Black Lives Matter

Black Lives Matter (abbreviato in BLM) è un movimento internazionale che ha avuto origine nella comunità afroamericana negli Stati Uniti in risposta alla violenza della polizia contro gli afroamericani. Il movimento è iniziato con l'hashtag "#BlackLivesMatter" dopo che George Zimmerman è stato assolto nel 2013 per la morte di Trayvon Martin il 26 febbraio 2012, a Sanford, Florida, un giovane afroamericano di 17 anni.

Da allora, gli attivisti politici di Black Lives Matter hanno fatto pressione contro tutte le forme di violenza contro le persone di colore, compresa la brutalità della polizia, il profiling etnico e l'eccessiva punizione delle persone di colore nel sistema giudiziario degli Stati Uniti.

Il movimento organizza manifestazioni e proteste, e dal 2015 ha anche sfidato i politici a parlare contro la violenza contro gli afroamericani. Black Lives Matter ha guadagnato la ribalta nazionale nel 2014 attraverso le proteste in seguito alla morte di Eric Garner il 17 luglio 2014 a New York e la morte di Michael Brown il 9 agosto 2014 a Ferguson, Missouri. Dalle proteste di Ferguson, sono seguite molte proteste in tutto il paese. Dopo la morte di George Floyd a Minneapolis il 25 maggio 2020, il seguito di Black Lives Matter è cresciuto rapidamente a livello internazionale, e molte proteste hanno avuto luogo di nuovo.

Movimenti di protesta precedenti

Le origini del movimento Black Lives Matter si trovano nel movimento per i diritti civili degli afroamericani. Il movimento per i diritti civili ha combattuto per decenni per porre fine alla segregazione razziale (separazione razziale) e alla discriminazione negli Stati Uniti.

Il movimento Black Lives Matter afferma di ispirarsi ulteriormente al movimento Black Power, tra gli altri. Diversi media si sono riferiti al movimento Black Lives Matter come a un nuovo movimento per i diritti civili.

Proteste online

Il movimento Black Lives Matter è emerso nell'estate del 2013 dopo l'assoluzione di George Zimmerman per l'omicidio dell'adolescente nero Trayvon Martin. Il movimento con l'hashtag "#BlackLivesMatter" è stato fondato da tre donne nere americane Alicia Garza, Patrisse Cullors e Opal Tometi.

Alicia Garza ha postato un messaggio su Facebook, intitolato "una lettera d'amore alla gente di colore", in cui ha descritto "Our Lives Matter, Black Lives Matter". A questo, Patrisse Cullors ha risposto con "#BlackLivesMatter. Sono stati sostenuti da Opal Tometi.

Dimostrazioni

Il movimento ha organizzato la prima manifestazione nazionale "Freedom Ride" a Ferguson, nello stato americano del Missouri, nell'agosto 2014. La causa scatenante di questa manifestazione è stata la morte di Michael Brown, un adolescente nero. Per mano dell'ufficiale di polizia Darren Wilson, Michael Brown è stato colpito a morte. L'ufficiale aveva sparato dodici proiettili. Michael Brown era disarmato. Il giorno dopo questa sparatoria, sono scoppiate le proteste a Ferguson.

Alicia Garza insieme alle altre due cofondatrici di Black Lives Matter, Patrisse Cullors e Opal Tometi, ha organizzato questa "Freedom Ride" a Ferguson. Più di 500 persone da 18 diverse città degli Stati Uniti si sono iscritte.

Struttura

Black Lives Matter è un'organizzazione decentralizzata. I fondatori si oppongono a una struttura dall'alto verso il basso che i precedenti movimenti per i diritti civili hanno utilizzato. Johnetta Elzie, una nota attivista di Black Lives Matter, sottolinea che l'organizzazione ha sempre sostenuto di essere composta da molti.

Secondo lei, non ci può essere una sola persona come leader del movimento, ma tutti sono leader. Per coloro che scelgono di essere coinvolti nel movimento Black Lives Matter, il movimento ha tredici principi guida che sono importanti come la diversità, l'empatia e la giustizia riparativa, tra gli altri.

Capitolo 3: La morte di Trayvon Martin

La morte di Trayvon Martin è avvenuta la sera del 26 febbraio 2012 a Sanford, Florida, quando il 28enne vigilante latino George Zimmerman ha sparato e ucciso il 17enne afroamericano Trayvon Martin (nato il 7 febbraio 1995 a Miami Gardens). Zimmerman ha dato come motivo la legittima difesa.

Questa morte e le circostanze in cui è avvenuta hanno portato a una discussione a livello nazionale sul razzismo negli Stati Uniti, che è stata ripresa anche in altri paesi. Zimmerman è stato accusato di omicidio colposo. Il processo è iniziato il 10 giugno 2013 a Sanford. Il 13 luglio 2013, dopo sedici ore di deliberazione da parte di una giuria di sei membri, Zimmerman è stato dichiarato innocente e assolto.

Zimmerman ha testimoniato che Trayvon Martin, che stava camminando in un quartiere di Sanford indossando una felpa con cappuccio, si stava comportando in modo sospetto. Quando ha parlato con il ragazzo, ne è seguita una colluttazione in cui Zimmerman ha sparato e ucciso il disarmato Martin. Zimmerman sostenne che si trattava di un caso di difesa d'emergenza. Secondo la legge della Florida, era lecito uccidere qualcuno per difesa d'emergenza. Di conseguenza, la giuria si è sentita obbligata ad assolvere. Se la giuria lo avesse dichiarato colpevole, Zimmerman avrebbe potuto ricevere una condanna a vita. Una giurata anonima ha rivelato poco dopo di essere convinta che Zimmerman fosse davvero colpevole della morte dell'adolescente. Ha sottolineato che la legislazione, ha reso necessario dichiarare Zimmerman innocente. La giurata ha quindi chiesto a gran voce un inasprimento della legge sulla legittima difesa.

Dopo l'assoluzione, migliaia di persone, in particolare afroamericani, scesero in strada per protestare, con scaramucce con la polizia. Il reverendo Raphael Warnock dichiarò che Martin era stato ucciso perché, come ragazzo nero, non era visto come un essere umano, ma come un problema. Il presidente Obama, che ha detto che se avesse avuto un figlio che avrebbe assomigliato a Martin, ha invitato i manifestanti a rispettare la giustizia.

Capitolo 4: La morte di George Floyd

La morte di George Floyd, un uomo afroamericano, è avvenuta a Minneapolis, Minnesota, il 25 maggio 2020. Il 46enne Floyd è morto dopo che l'ufficiale di polizia Derek Chauvin si è appoggiato al collo di Floyd con il suo ginocchio per più di otto minuti mentre giaceva ammanettato al suo stomaco in strada. Altri due agenti hanno contemporaneamente appoggiato le loro ginocchia sulla sua schiena e un quarto agente ha tenuto a bada il pubblico. Dopo che Floyd svenne dopo circa sei minuti, Chauvin tenne il suo ginocchio sul collo di Floyd per quasi altri tre minuti. Floyd fu poi trasportato all'ospedale in ambulanza; un tentativo di rianimazione in ambulanza non ebbe successo. Fu dichiarato morto all'arrivo in ospedale. Chauvin fu dichiarato colpevole dell'omicidio di George Floyd da una giuria il 20 aprile 2021.

L'assalto è stato filmato da alcuni passanti con un telefono cellulare e trasmesso in diretta su Facebook Live. Questo ha catturato l'attenzione dei media americani. L'evento è diventato una notizia mondiale e ha portato a proteste a Minneapolis e in altre città del mondo contro il razzismo. Alcune di queste proteste sono degenerate in disordini e saccheggi. Per qualche tempo, le organizzazioni per i diritti umani degli Stati Uniti si erano lamentate di quello che vedevano come un trattamento discriminatorio dei neri da parte della polizia, senza alcun miglioramento.

Quattro agenti erano coinvolti nell'arresto di Floyd. Tutti furono licenziati poco dopo la morte di Floyd. Chauvin fu arrestato il 29 maggio 2020, con il sospetto di omicidio colposo, poi aggravato in omicidio colposo. Gli altri tre agenti furono arrestati il 3 giugno 2020, con l'accusa di favoreggiamento dell'omicidio colposo.

Chi è George Floyd

George Floyd, padre di due figlie e un figlio, era un uomo americano di origine afroamericana. Ha lavorato come guardia di sicurezza per un ristorante di Minneapolis per cinque anni prima di perdere il lavoro a causa della pandemia di corona scoppiata nel 2020.

Il 9 giugno è stato sepolto a Pearland, Texas, lo stato in cui è cresciuto. Prima c'è stata una cerimonia commemorativa nella chiesa di Houston.

Agenti

Chauvin era un uomo bianco di 44 anni che aveva lavorato come poliziotto per il Dipartimento di Polizia di Minneapolis dal 2001. Aveva diciotto denunce a suo nome, due delle quali hanno portato a un rimprovero ufficiale.

Uno degli altri tre ufficiali è stato accusato nel 2017 di aver usato una forza eccessiva mentre svolgeva le sue funzioni. Il caso è stato risolto fuori dal tribunale con 25.000 dollari. Gli altri due ufficiali erano in servizio solo da poco tempo.

Tutti e quattro gli ufficiali sono stati licenziati e accusati poco dopo la morte di Floyd. L'ufficiale che ha messo il suo ginocchio sul collo di Floyd rischia una pena detentiva fino a 40 anni.

Dichiarazioni della polizia e del personale dell'ambulanza

Poco dopo le 8 di sera del 25 maggio, il Memorial Day, la polizia di Minneapolis ha risposto a un rapporto di pagamento con soldi falsi su Chicago Avenue South nel quartiere di Powder horn. Secondo un comproprietario di un negozio di alimentari vicino, un impiegato ha determinato che Floyd aveva tentato di pagare con una banconota da 20 dollari contraffatta. A questo punto è stata chiamata la polizia, che ha trovato Floyd in una macchina nelle vicinanze. Secondo loro, Floyd era sotto l'influenza. Un portavoce della polizia ha dichiarato che gli agenti gli avevano ordinato di uscire dal veicolo, dopo di che lui avrebbe opposto resistenza fisica. I due agenti gli hanno poi chiesto di entrare nell'auto della polizia, dopo di che lui ha gridato che era claustrofobico, e si è fatto prendere dal panico. Dopo questo, arrivarono altri due agenti per i rinforzi, compreso l'agente che tenne il suo ginocchio sul collo di Floyd per minuti.

Secondo la polizia di Minneapolis, gli agenti sono riusciti a mettere il sospetto in manette e hanno determinato che soffriva di problemi medici. A questo punto hanno chiamato un'ambulanza. Secondo la dichiarazione della polizia, nessuna arma è stata usata nell'arresto. Secondo i vigili del fuoco di Minneapolis, il personale dell'ambulanza ha trasportato l'uomo dalla scena e ha tentato di rianimarlo. Hanno determinato che non aveva battito cardiaco e non rispondeva alle procedure mediche. Floyd è stato poi portato all'Hennepin County Medical Center, dove è stato dichiarato morto.

Video in diretta

Una parte dell'arresto è stata filmata da uno spettatore e trasmessa in diretta su Facebook Live. Questo video è diventato rapidamente virale. Nel video, un ufficiale può essere visto premere sul collo di Floyd con un ginocchio.

Nel momento in cui il video inizia, Floyd è già sdraiato sulla strada con il petto premuto, mentre l'ufficiale si inginocchia sul suo collo e si rivolge a lui in modo umiliante. Floyd chiede che il ginocchio venga rimosso dal suo collo e indica che sta soffocando. L'ufficiale risponde sarcasticamente con "Puoi parlare, quindi puoi respirare". Uno spettatore chiede all'ufficiale di dare a Floyd spazio per respirare. Nonostante le continue suppliche di Floyd e le reazioni degli astanti, il poliziotto non toglie il ginocchio dal collo di Floyd. Floyd finalmente smette di cercare di alzarsi e gli esce il sangue dal naso. Più tardi, perde conoscenza. Gli agenti ignorano le richieste degli astanti di prendere il polso di Floyd.

L'ufficiale ha rimosso il suo ginocchio dal collo di Floyd solo quando i servizi medici di emergenza sono arrivati per sollevare il suo corpo su una barella. È stato portato via in ambulanza. Questo video mostra il poliziotto inginocchiato sul collo di Floyd per almeno sette minuti.

Un altro filmato

Un secondo video di uno spettatore, girato da un veicolo, mostra Floyd che viene rimosso dalla sua auto. Questo filmato non mostra, secondo diversi media, che Floyd abbia opposto resistenza.

Un video di sei minuti da una telecamera di sorveglianza di un ristorante vicino è stato poi distribuito dai media. Questo mostra due agenti che rimuovono un uomo da un veicolo. L'uomo viene ammanettato e portato sul marciapiede, dove si siede. Un terzo ufficiale arriva. Più tardi, un ufficiale aiuta l'uomo a rialzarsi, e due ufficiali portano l'uomo a un veicolo della polizia, dove l'uomo cade a terra. Sebbene la polizia abbia inizialmente affermato che Floyd aveva resistito fisicamente all'arresto, questo video di sorveglianza mostra gli agenti che lo tengono calmo a terra. Altri filmati supportano queste immagini descritte.

La causa della morte

L'autopsia iniziale fu ordinata dalle autorità e inizialmente il risultato fu che Floyd morì per una combinazione di ateromasia del cuore, ipertensione, avvelenamento da fentanyl e recente uso di metanfetamina. La famiglia di Floyd non si fidava di questo risultato e quindi fece eseguire una seconda autopsia da una parte indipendente, Michael Baden e Allecia Wilson, e conclusero che la causa della morte era l'asfissia. Dopo questa seconda autopsia, il patologo della prima autopsia ha rivisto il suo rapporto e ha confermato "che Floyd è morto perché non c'era abbastanza sangue che affluiva al suo cervello come risultato della morsa sul collo mentre era trattenuto dagli agenti di polizia di Minneapolis.

La morte di Floyd ha provocato diversi giorni di manifestazioni contro la brutalità della polizia in tutto il mondo

La linea temporale della storia afroamericana

La timeline qui sotto evidenzia le pietre miliari della storia degli afroamericani, con collegamenti ad articoli correlati. Gli eventi in questa linea temporale sono raggruppati in 8 sottocapitoli, come indicato dalla lista sottostante:

- **2° secolo AD-1789: Dal Vecchio al Nuovo Mondo**

- **1790–1863: La schiavitù degli africani**

- **1864–1916: Ricostruzione e l'inizio della Grande Migrazione**

- **1917-37: L'Età del Jazz e il Rinascimento di Harlem**

- **1938-59: La nascita del movimento per i diritti civili**

- **1960–69: Il movimento per i diritti civili e il potere nero**

- **1970–89: Cambiamenti rivoluzionari**

- **1990-oggi: Gli anni del millennio**

2°-3° secolo D.C.

- Aksum diventa il mercato più importante dell'Africa nord-orientale.

~600

- Viene creato il Ghana, il primo dei grandi imperi commerciali medievali dell'Africa occidentale. I commercianti di sale arabi e berberi al nord e i produttori di oro e avorio al sud fanno da intermediari.

~1100

- Il Grande Zimbabwe (nel sud-est dello Zimbabwe poi) inizia come centro di un grande impero commerciale per quasi 400 anni.

1230

- Il sovrano dell'Africa occidentale, Sundiata, forma un impero del Mali che prospera per due secoli e dura in totale tre secoli.

1307

- Mansa Musa diventa il sovrano del grande impero del Mali.

1400

- Si forma un'alleanza informale di sette stati africani. Conosciuti come gli stati Hausa, fioriscono fino al XIX secolo, quando alla fine vengono conquistati dai Fulani.

1441

- I primi schiavi vengono spediti dall'Africa al Portogallo.

1464

- Sonni 'Ali rivendica il trono del regno Songhai. Alla sua morte, nel 1492, i Songhai controllano un grande impero commerciale fino alla fine del XVI secolo.

1517

- Nel Nuovo Mondo, la schiavitù delle piantagioni nere inizia quando gli spagnoli iniziano a importare schiavi dall'Africa per sostituire i nativi americani. I nativi americani morivano a causa delle dure condizioni di lavoro e dell'esposizione alle malattie del Vecchio Mondo contro le quali non avevano immunità.

1565

- Gli spagnoli portano gli schiavi a St. Augustine, il primo insediamento permanente in quella che oggi è la Florida.

1619

- Una nave olandese con 20 schiavi africani a bordo arriva alla colonia inglese di Jamestown, in Virginia.

1650

- L'impero Yoruba di Oyo comincia a diventare potente in quella che sarebbe poi diventata la Nigeria sud-occidentale. L'impero raggiunge il suo apice nella prima parte del XVIII secolo.

1700

- Gli Ashanti iniziano a fornire schiavi ai commercianti inglesi e olandesi sulla costa sud-occidentale dell'Africa (più tardi nel Ghana meridionale). In cambio ricevono armi da fuoco, che usano per sostenere la loro espansione territoriale.

1739

- La ribellione di Stono, una delle prime rivolte di schiavi, avviene a Charleston nella colonia a maggioranza nera della Carolina del Sud. La ribellione porta alla morte di almeno 20 bianchi e più di 40 neri.

1746

- Il poeta e narratore Lucy Terry, una schiava, compone la poesia "Bars Fight", la prima poesia esistente di un afroamericano. Trasmessa oralmente per più di 100 anni, appare per la prima volta in stampa nel 1855.

1760

- Jupiter Hammon, uno schiavo del Connecticut, scrive un'autobiografia spesso considerata come il primo racconto sugli schiavi.

1770

- Crispus Attucks, uno schiavo fuggito, viene ucciso dai soldati britannici nel massacro di Boston. È una delle prime persone a morire per la causa dell'indipendenza americana.

1772

- Jean-Baptist-Point Du Sable, un commerciante pioniere nero, costruisce un posto per il commercio di pellicce sul fiume Chicago, sul lago Michigan. Il suo successo porta all'insediamento che più tardi diventerà la città di Chicago.

1773

- Phillis Wheatley, la prima importante poetessa nera degli Stati Uniti, pubblica in Inghilterra i suoi POEMS ON VARIOUS SUBJECTS, RELIGIOUS AND MORAL. Wheatley è acclamata in Europa e in America dopo la pubblicazione dell'opera, che è il primo libro di letteratura afroamericana.

1777

- Il Vermont, non ancora parte degli Stati Uniti, diventa la prima colonia ad abolire la schiavitù nella sua costituzione.

1781

- James Armistead (poi James Lafayette), uno schiavo, spia le forze britanniche in Virginia per il marchese de Lafayette durante la rivoluzione americana.

1789

- Olaudah Equiano pubblica la sua autobiografia in due volumi, The Interesting Narrative of the Life of Olaudah Equiano; o Gustavus Vassa, the African, scritta da lui stesso. Questo racconto pionieristico sugli schiavi diventa molto popolare.

1790–1863: La schiavitù degli africani

1790

- Benjamin Banneker, matematico e compilatore di almanacchi, viene nominato dal presidente George Washington alla Commissione del Distretto di Columbia. Per la commissione, Banneker lavora al rilievo di Washington D.C.

1793

- Il Congresso approva il primo Fugitive Slave Act, rendendo un crimine dare rifugio a uno schiavo fuggitivo o interferire con il suo arresto.

1793

- Eli Whitney inventa la sgranatrice di cotone, una macchina che facilita la lavorazione del cotone. Il suo merito è quello di aver reso il cotone la coltura più importante del Sud americano. Per soddisfare la crescente domanda dei proprietari di cotonifici, vengono importati più schiavi per lavorare nei campi di cotone. La sgranatrice contribuisce così a istituzionalizzare la schiavitù.

1799

- Richard Allen diventa il primo ministro nero ordinato della Chiesa Episcopale Metodista.

1800

- Uno schiavo di nome Gabriel pianifica la prima grande ribellione di schiavi nella storia degli Stati Uniti. Riunisce più di 1.000 schiavi armati vicino a Richmond, in Virginia. Dopo il fallimento della rivolta, 35 schiavi, tra cui Gabriel, vengono impiccati.

1816

- La Chiesa Episcopale Metodista Africana viene formalmente organizzata. Richard Allen diventa il suo primo vescovo.

1817

- La American Colonization Society viene fondata per trasportare i neri nati liberi e gli schiavi liberati in Africa. La società fonda poi una colonia in Africa che diventa la Repubblica di Liberia nel 1847.

1820

- Il Compromesso del Missouri prevede che il Missouri sia ammesso nell'Unione come stato schiavista. La schiavitù non sarà permessa nel Maine e nei territori occidentali a nord del confine meridionale del Missouri.

1822

- Denmark Vesey, uno schiavo liberato, pianifica la più grande rivolta di schiavi nella storia degli Stati Uniti, a Charleston, nella Carolina del Sud. La ribellione viene tradita prima che il piano possa essere attuato. Vesey e altri 34 vengono impiccati.

1829

- L'abolizionista afroamericano David Walker pubblica il pamphlet APPEAL... TO THE COLORED CITIZENS OF THE WORLD..., che chiede una rivolta degli schiavi. Radicale per l'epoca, è accettato da una piccola minoranza di abolizionisti.

1831

- William Lloyd Garrison, un uomo bianco, inizia a pubblicare il giornale antischiavista THE LIBERATOR. Chiede la liberazione degli schiavi afroamericani.

- Nat Turner, uno schiavo in Virginia, guida l'unica ribellione effettiva e sostenuta degli schiavi nella storia degli Stati Uniti. A lui si uniscono ben 75 compagni schiavi, che uccidono 60 bianchi. Circa sei settimane dopo la sconfitta della ribellione, Turner viene impiccato.

1833

- L'American Anti-Slavery Society, il principale braccio attivista del movimento abolizionista, viene fondata sotto la guida di William Lloyd Garrison.

(William Lloyd Garrison)

1839

- Gli schiavi si ribellano sulla nave spagnola AMISTAD vicino alla costa di Cuba. I ribelli vengono arrestati nelle acque vicino a New York. L'ex presidente degli Stati Uniti John Quincy Adams li difende con successo davanti alla Corte Suprema.

1840

- Il Liberty Party tiene la sua prima convention nazionale ad Albany, New York. In opposizione al collega abolizionista William Lloyd Garrison, i membri credono nell'azione politica per promuovere gli obiettivi antischiavisti.

1843

- Henry Highland Garnet, abolizionista ed ecclesiastico afroamericano, fa un discorso controverso alla convention nazionale dei neri liberi. Scuote i suoi ascoltatori invitando gli schiavi a uccidere i loro padroni.

1847

- Joseph Jenkins Roberts, figlio di neri liberi della Virginia, viene eletto primo presidente della Liberia.

- Frederick Douglass, uno schiavo fuggito, inizia a pubblicare THE NORTH STAR, un giornale antischiavista.

1848

- Il Free-Soil Party, un partito politico minore ma influente, nomina l'ex presidente degli Stati Uniti Martin Van Buren a capo della sua lista. Il partito si oppone all'estensione della schiavitù nei territori occidentali.

1850

- Parlando a nome del movimento abolizionista, Sojourner Truth, un evangelista e riformatore nero, viaggia attraverso il Midwest americano. Attira grandi folle.

- Harriet Tubman torna nel Maryland per guidare i membri della sua famiglia alla libertà attraverso l'Underground Railroad. Dopo aver aiutato più di 300 schiavi a fuggire, viene conosciuta come il "Mosè del suo popolo".

- Nel tentativo di mantenere un equilibrio tra stati liberi e schiavi, il Congresso degli Stati Uniti approva una serie di misure di compromesso. Esse includono un nuovo e più severo Fugitive Slave Act, che contribuisce alla diffusione del movimento abolizionista.

1853

- Il ministro episcopaliano americano Alexander Crummell diventa missionario e insegnante in Liberia. Sostiene un programma di conversione religiosa e di sviluppo economico e sociale.

- William Wells Brown pubblica CLOTEL, il primo romanzo di un afroamericano. Brown, ex schiavo, è un abolizionista, uno storico e un medico oltre che un autore.

1854

- Viene pubblicata la raccolta di versi più popolare dell'autrice Frances E.W. Harper, POEMS ON MISCELLANEOUS SUBJECTS. Contiene la poesia antischiavista "Bury Me in a Free Land".

1856

- Nella continua lotta tra le forze pro-schiaviste e antischiaviste del Kansas, una folla saccheggia la città di Lawrence, un "focolaio di abolizionismo". Per rappresaglia, l'abolizionista bianco John Brown conduce un raid mortale su un insediamento pro-schiavitù a Pottawatomie Creek.

1857

- Con la decisione Dred Scott, la Corte Suprema degli Stati Uniti legalizza la schiavitù in tutti i territori. La decisione aumenta le tensioni tra il Nord e il Sud e spinge il paese verso la guerra civile.

1859

- Harriet E. Wilson scrive OUR NIG, un romanzo ampiamente autobiografico sul razzismo nel Nord prima della guerra civile americana.

- La Corte Suprema degli Stati Uniti, in ABLEMAN contro BOOTH, sostiene il Fugitive Slave Act del 1950. Annulla un atto di un tribunale statale del Wisconsin che aveva dichiarato l'atto incostituzionale.

- Martin R. Delany, medico e sostenitore del nazionalismo nero, guida un gruppo in Africa occidentale. Indaga sul Delta del Niger come luogo di insediamento degli afroamericani.

1860

- Dopo che Abraham Lincoln vince le elezioni presidenziali americane, la Carolina del Sud si separa dall'Unione in dicembre. È seguita nel gennaio 1861 da Mississippi, Florida, Alabama, Georgia e Louisiana, e in febbraio dal Texas. Mentre vengono tracciate le linee di battaglia, anche Virginia, North Carolina, Arkansas e Tennessee scelgono di secedere.

1861

- La guerra civile americana inizia vicino a Charleston, South Carolina, quando i confederati aprono il fuoco su Fort Sumter.

1861

- Harriet Jacobs pubblica INCIDENTS IN THE LIFE OF A SLAVE GIRL, la prima autobiografia di una donna afroamericana precedentemente schiavizzata.

1861

- Pinckney Pinchback, un nero nato libero, supera il blocco confederato sul fiume Mississippi per raggiungere New Orleans. Lì recluta una compagnia di volontari neri per l'Unione, il Corps d'Afrique.

1862

- Il futuro deputato americano Robert Smalls e altri 12 schiavi neri prendono il controllo di una fregata armata confederata nel porto di Charleston, South Carolina. Consegnano la nave a una squadra navale dell'Unione che sta bloccando la città.

- La seconda legge di confisca viene approvata, affermando che gli schiavi dei funzionari civili e militari confederati "saranno per sempre liberi". L'atto è applicabile solo nelle aree del Sud occupate dall'esercito dell'Unione.

1863

- Il 1° gennaio il presidente Abraham Lincoln firma il Proclama di Emancipazione, liberando gli schiavi degli stati confederati.

1864–1916: La ricostruzione e l'inizio della grande migrazione

1864

- L'indignazione del Sud per l'uso di soldati neri da parte del Nord si infiamma. Le forze confederate catturano Fort Pillow, Tennessee, e massacrano le truppe nere dell'Unione all'interno; alcune vengono bruciate o sepolte vive.

- Il presidente Abraham Lincoln rifiuta di firmare il Wade-Davis Bill, che richiede maggiori garanzie di fedeltà all'Unione da parte dei cittadini bianchi e dei governi degli stati che si sono secessi.

1865

- La guerra civile americana finisce il 26 aprile, dopo la resa dei generali confederati Robert E. Lee e J.E. Johnston.

- Il Congresso istituisce il Freedmen's Bureau per aiutare quattro milioni di neri americani nella transizione dalla schiavitù alla libertà.

1866

- Gli stati dell'ex Confederazione approvano leggi sul "codice nero" per assicurare che la supremazia bianca continui, nonostante la Proclamazione di Emancipazione e il Tredicesimo Emendamento.

- L'esercito degli Stati Uniti forma reggimenti di cavalleria e fanteria neri che servono nel West dal 1867 al 1896. Le unità combattono principalmente gli indiani d'America sulla frontiera. Gli indiani li soprannominano "buffalo soldiers".

- I bianchi in rivolta uccidono 35 cittadini neri di New Orleans, Louisiana, e feriscono più di 100 persone, con la partecipazione della polizia locale. I disordini portano a un aumento del sostegno a forti politiche di Ricostruzione.

1867

- La Howard University, un'università prevalentemente nera, viene fondata a Washington, D.C. Prende il nome dal generale Oliver Otis Howard, capo del Freedmen's Bureau.

1868

- Il Quattordicesimo Emendamento della Costituzione degli Stati Uniti viene ratificato, concedendo la cittadinanza e la parità di diritti civili e legali agli afroamericani.

- L'Assemblea Generale della Carolina del Sud è composta da 85 rappresentanti neri e 70 bianchi. Un prodotto della Ricostruzione, è la prima legislatura statale con una maggioranza nera.

- Elizabeth Keckley pubblica la sua autobiografia, BEHIND THE SCENES; OR, THIRTY YEARS A SLAVE AND FOUR YEARS IN THE WHITE HOUSE. Keckley si alzò dalla schiavitù per diventare la sarta e la confidente della First Lady Mary Todd Lincoln.

1870

- Hiram R. Revels del Mississippi prende il posto di Jefferson Davis al Senato degli Stati Uniti. Revels è l'unico afroamericano nel Congresso degli Stati Uniti e il primo eletto al Senato.

- Joseph Hayne Rainey è il primo afroamericano eletto alla Camera dei Rappresentanti degli Stati Uniti. Questo deputato della Carolina del Sud godrà del mandato più lungo di qualsiasi rappresentante afroamericano durante la Ricostruzione.

- Viene ratificato il quindicesimo emendamento alla Costituzione degli Stati Uniti, che garantisce il diritto di voto indipendentemente da "razza, colore o precedente condizione di servitù".

1877

- La Ricostruzione finisce quando le ultime truppe federali vengono ritirate dal Sud. I conservatori del Sud riprendono il controllo dei loro governi statali attraverso la frode, la violenza e l'intimidazione.

1879

- La storia "Tar-Baby" dell'autore Joel Chandler Harris rende popolare la figura della bambola di catrame appiccicosa dei racconti popolari neri americani. Si ispira al racconto africano trickster.

1881

- Il 4 luglio viene fondato il Tuskegee Normal and Industrial Institute in Alabama. Booker T. Washington è il primo presidente della scuola.

- Il Tennessee diventa il primo stato a promulgare una legge Jim Crow. La legge impone ai neri e ai bianchi di viaggiare in vagoni ferroviari separati.

1883

- L'inventore Jan Ernst Matzeliger brevetta la sua macchina da calzatura che modella la parte superiore delle scarpe. La sua invenzione sostituisce presto i metodi di produzione artigianale.

1887

- La Florida A&M University viene fondata come Scuola Normale Statale (formazione degli insegnanti) per studenti di colore.

- Il giornalista nero T. Thomas Fortune inizia a pubblicare il NEW YORK AGE. I suoi noti editoriali difendono i diritti civili degli afroamericani e condannano la discriminazione razziale.

1892

- Gli uffici del MEMPHIS FREE SPEECH vengono distrutti in seguito agli editoriali della comproprietaria Ida B. Wells che denunciano il linciaggio di tre suoi amici.

1895

- All'Esposizione di Atlanta, l'educatore Booker T. Washington tiene il suo discorso "Compromesso di Atlanta". Egli sottolinea l'importanza dell'istruzione professionale per i neri rispetto all'uguaglianza sociale o alle cariche politiche.

1896

- Mary Church Terrell diventa la prima presidente della National Association of Colored Women, lavorando per una riforma educativa e sociale e per la fine della discriminazione razziale.

- Nella decisione PLESSY contro FERGUSON sulla segregazione razziale, la Corte Suprema degli Stati Uniti sostiene la dottrina del "separati ma uguali". Essa sostiene che le leggi che richiedono ai neri e ai bianchi di usare strutture pubbliche separate sono costituzionali finché le strutture sono ragionevolmente uguali.

- Paul Laurence Dunbar, acclamato come "il poeta laureato della razza negra", pubblica la raccolta di poesia LYRICS OF LOWLY LIFE.

1899

- Il compositore e pianista Scott Joplin pubblica "Maple Leaf Rag". È una delle composizioni musicali più importanti e popolari dell'epoca del ragtime, precursore del jazz.

1900

- Originariamente una parodia degli schiavi dei balli da sala bianchi, il cakewalk diventa una danza selvaggiamente popolare tra i bianchi alla moda così come tra i menestrelli bianchi che lavorano in nero.

1901

- Booker T. Washington cena con il presidente Theodore Roosevelt alla Casa Bianca. L'incontro a cena è aspramente criticato da molti bianchi, che lo vedono come un netto allontanamento dal galateo razziale.

1903

- W.E.B. Du Bois pubblica THE SOULS OF BLACK FOLK. Dichiara che "il problema del ventesimo secolo è il problema della linea del colore".

- Per protestare contro le opinioni di Booker T. Washington, W.E.B. Du Bois suggerisce il concetto di "Talented Tenth", un gruppo di leader neri istruiti al college responsabili dell'elevazione economica e culturale dei neri.

1905

- Il Movimento del Niagara viene fondato quando un gruppo di intellettuali neri di tutto il paese si riunisce vicino alle cascate del Niagara, Ontario, Canada. Adottano risoluzioni che richiedono la piena uguaglianza nella vita americana. W.E.B. Du Bois è il leader dell'organizzazione.

- Madame C.J. Walker sviluppa e commercializza un metodo per lisciare i capelli ricci. Questo la porta a diventare la prima donna nera milionaria degli Stati Uniti.

1906

- L'Atlanta Baptist College espande il suo curriculum e viene rinominato Morehouse College.

1908

- A Springfield, Illinois, si verifica una grande rivolta razziale; la comunità nera viene assalita da diverse migliaia di cittadini bianchi, e due anziani neri vengono linciati.

1909

- Un gruppo di bianchi scioccati dalla rivolta di Springfield del 1908 si unisce al Movimento del Niagara di W.E.B. Du Bois. Insieme formano la National Association for the Advancement of Colored People (NAACP).

1910

- Viene fondata THE CRISIS, una rivista mensile pubblicata dalla NAACP. W.E.B. Du Bois dirige la rivista per i suoi primi 24 anni.

- Il jazz comincia ad evolversi a New Orleans, in Louisiana.

1911

- L'organizzazione più tardi chiamata National Urban League viene formata a New York City. La sua missione è quella di aiutare gli afroamericani migranti a trovare lavoro e alloggio e ad adattarsi alla vita urbana.

- L'antropologo americano di origine tedesca Franz Boas pubblica LA MENTE DELL'UOMO PRIMITIVO, una serie di conferenze sulla cultura e la razza. Il suo lavoro viene usato spesso negli anni '20 da coloro che si oppongono alle restrizioni all'immigrazione negli Stati Uniti basate su presunte differenze razziali.

1914

- Marcus Garvey fonda la Universal Negro Improvement Association (UNIA) nella sua patria, la Giamaica. L'organizzazione mira a promuovere l'orgoglio razziale e l'autosufficienza economica e a stabilire una nazione nera in Africa.

- George Washington Carver del Tuskegee Institute rivela i suoi esperimenti su arachidi e patate dolci. Egli popolarizza le colture alternative e aiuta a rinnovare la terra impoverita del Sud.

1915

- Lo storico Carter G. Woodson fonda l'Association for the Study of Negro Life and History. Il suo scopo è quello di assistere nello studio accurato e corretto della storia afroamericana.

- Il pugile Jack Johnson, il primo campione del mondo dei pesi massimi di colore, perde il titolo in 26 round contro Jess Willard, l'ultimo di una successione di "Grandi Speranze Bianche". Voci affermano che Johnson ha perso intenzionalmente nel tentativo di evitare difficoltà legali.

- Una divisione della National Baptist Convention produce la National Baptist Convention of America, la più grande chiesa nera degli Stati Uniti.

1916

- Inizia il periodo conosciuto come la Grande Migrazione. Tra il 1916 e il 1970 circa sei milioni di afroamericani del sud migrano verso i centri urbani del nord e dell'ovest.

1917

- L'odio tra i bianchi verso gli afroamericani appena impiegati nelle industrie belliche porta a una rivolta razziale a East St. Folle di bianchi attaccano i residenti neri, accoltellandoli, bastonandoli e impiccandoli. Circa 6.000 neri vengono cacciati dalle loro case e 40 neri e 8 bianchi vengono uccisi.

1918

- James VanDerZee e sua moglie aprono il Guarantee Photo Studio nel quartiere di Harlem a New York. I ritratti che scatta in seguito diventano una preziosa cronaca del Rinascimento di Harlem.

1919

- Durante l'Estate Rossa (che significa "estate di sangue"), circa 25 rivolte razziali scoppiano nelle città degli Stati Uniti. La violenza più grave ha luogo nel South Side di Chicago. Quella rivolta lascia 23 neri e 15 bianchi morti, 537 persone ferite e 1.000 famiglie nere senza casa.

- A'Lelia Walker eredita gli affari di famiglia e la tenuta alla morte di sua madre, Madame C.J. Walker. Negli anni venti intrattiene i principali scrittori e artisti del Rinascimento di Harlem.

1920

- Marcus Garvey, leader della Universal Negro Improvement Association (UNIA), si rivolge a 25.000 neri al Madison Square Garden di New York. Poi presiede un corteo di 50.000 persone per le strade di Harlem.

- Viene fondata la Negro National League, un'associazione di squadre di baseball afroamericane. È la prima delle leghe negre del baseball.

1921

- SHUFFLE ALONG, un musical di Eubie Blake e Noble Sissle, apre a Broadway. È il primo musical scritto e interpretato da afroamericani.

1922

- Louis Armstrong lascia New Orleans per Chicago, dove suona la seconda tromba nella Creole Jazz Band di King Oliver. Il lavoro di Armstrong negli anni venti rivoluzionerà il jazz.

- La pilota d'aereo Bessie Coleman effettua il primo volo pubblico di una donna afroamericana. In seguito si sarebbe rifiutata di esibirsi in spettacoli aerei davanti a un pubblico segregato nel Sud.

1923

- Charles Clinton Spaulding diventa presidente della North Carolina Mutual Life Insurance Company. La fa diventare la più grande impresa di proprietà di neri del paese.

- Il pianista jazz e arrangiatore Fletcher Henderson diventa un bandleader. La sua famosa band promuove la carriera di musicisti afroamericani come Louis Armstrong, Coleman Hawkins e Roy Eldridge.

- Il poeta e romanziere Jean Toomer pubblica il suo capolavoro, il romanzo sperimentale CANE. È spesso considerato uno dei più grandi successi dell'Harlem Renaissance.

- La cantante blues Bessie Smith fa la sua prima registrazione. Alla fine diventerà nota come "Imperatrice del Blues".

1924

- Lo Spelman Seminary diventa Spelman College. La scuola iniziò in Georgia nel 1881 con due donne di Boston che insegnavano a 11 donne nere nel seminterrato di una chiesa di Atlanta.

- Ad una cena sponsorizzata dalla rivista OPPORTUNITY, scrittori neri ed editori bianchi si mescolano. L'evento è considerato l'inizio formale dell'Harlem Renaissance.

1925

- THE NEW NEGRO, una raccolta di narrativa, poesia, dramma e saggi associati alla Harlem Renaissance, è curata da Alain Locke.

- La cantante e ballerina Josephine Baker va a Parigi per ballare in una rivista. Diventa una delle intrattenitrici più popolari in Francia.

- Countee Cullen, uno dei migliori poeti della Harlem Renaissance, pubblica la sua prima raccolta di poesie, COLOR. Più tardi, nel corso dell'anno, si laurea al college.

- Il Ku Klux Klan, un gruppo di odio suprematista bianco, mette in scena una parata di 50.000 membri smascherati a Washington, D.C. Negli anni 20 il Klan ha più di 4 milioni di membri in tutta la nazione.

- A. Philip Randolph, sindacalista e leader dei diritti civili, fonda la Brotherhood of Sleeping Car Porters, che diventa il primo sindacato nero di successo.

- In uno storico banchetto di premi letterari durante il Rinascimento di Harlem, Langston Hughes guadagna il primo posto nella poesia. La sua poesia vincitrice, "The Weary Blues", viene letta ad alta voce da James Weldon Johnson.

1926

- Pianista, compositore e autoproclamato inventore del jazz, Jelly Roll Morton registra diversi dei suoi capolavori. Tra questi ci sono "Black Bottom Stomp" e "Dead Man Blues".

1927

- James Weldon Johnson pubblica GOD'S TROMBONES, un libro di poesia. Contiene sermoni in versi nello stile dei tradizionali predicatori neri del Sud. Il libro è illustrato da Aaron Douglas.

- La poetessa e drammaturga Angelina Weld Grimké pubblica CAROLING DUSK, un'antologia della sua poesia curata da Countee Cullen.

- Il pittore Henry Ossawa Tanner diventa il primo afroamericano ad essere ammesso come membro a pieno titolo della National Academy of Design.

- La cantante e attrice Ethel Waters fa la sua prima apparizione a Broadway nella rivista all-black AFRICANA.

- Viene fondata la squadra di pallacanestro professionale tutta nera conosciuta come Harlem Globetrotters.

1928

- Il poeta e romanziere Claude McKay pubblica HOME TO HARLEM, IL primo romanzo di un afroamericano a raggiungere le liste dei best-seller.

1929

- John Hope viene scelto come presidente della Atlanta University, la prima scuola di specializzazione per afroamericani. Più tardi diventerà la Clark Atlanta University.

1931

- Nove giovani neri accusati di aver stuprato due donne bianche su un treno merci vengono processati per la loro vita a Scottsboro, Alabama. Gruppi liberali e radicali del nord sostengono la causa degli "Scottsboro Boys".

- Walter White diventa segretario esecutivo della NAACP. Il suo obiettivo principale è la fine dei linciaggi. All'inizio del 20° secolo, c'erano spesso più di 60 linciaggi all'anno a livello nazionale. Al momento della morte di White nel 1955, i linciaggi sarebbero diventati una rarità.

1932

- A Tuskegee, in Alabama, Il Servizio di Salute Pubblica degli Stati Uniti inizia uno studio di 40 anni sul corso della sifilide non trattata negli uomini neri. In questo esperimento medico non etico, il trattamento è stato intenzionalmente negato ai soggetti del test, anche se alcuni di loro sono diventati ciechi e pazzi a causa della malattia. Più di 100 degli uomini alla fine morirono di sifilide.

- Wallace Thurman, giovane ribelle letterario della Harlem Renaissance, pubblica il suo romanzo satirico INFANTS OF THE SPRING.

1934

- Wallace D. Fard, fondatore del movimento Nation of Islam, scompare. Viene sostituito da Elijah Muhammad.

1936

- L'atleta di atletica Jesse Owens vince quattro medaglie d'oro alle Olimpiadi del 1936 a Berlino, in Germania. Le sue vittorie fanno deragliare l'intenzione di Adolf Hitler di usare i giochi come uno spettacolo di supremazia bianca.

- Il musicista Delta blues Robert Johnson fa le sue leggendarie e influenti registrazioni in Texas. Includono "Me and the Devil Blues", "Hellhound on My Trail" e "Love in Vain".

1937

- La scrittrice e folklorista Zora Neale Hurston pubblica il suo secondo romanzo, THEIR EYES WERE WATCHING GOD. È considerato il suo libro più bello.

1938-59: L'inizio del movimento per i diritti civili

1938

- Con un knockout al primo round della loro rivincita, il campione dei pesi massimi Joe Louis si vendica del tedesco Max Schmeling. Schmeling è stato l'unico pugile ad aver messo fuori combattimento Louis nel suo periodo migliore.

- La vocalist jazz Billie Holiday fa molte delle sue migliori registrazioni con il sassofonista Lester Young.

1939

- Count Basie guida la sua leggendaria jazz band di Kansas City. Include il sassofonista Lester Young, il trombettista Buck Clayton, il bassista Walter Page e il batterista Jo Jones.

- Le Figlie della Rivoluzione Americana si rifiutano di permettere alla cantante Marian Anderson di affittare la Constitution Hall per un concerto a Washington, D.C. Invece, si esibisce al Lincoln Memorial davanti a un pubblico di 75.000 persone.

- Il NAACP Legal Defense and Education Fund è organizzato per combattere le leggi che permettono la discriminazione razziale. Charles Hamilton Houston guida lo sforzo di sfruttare alcuni dei migliori talenti legali del paese nella lotta per i diritti civili.

1940

- L'autore Richard Wright pubblica il suo capolavoro, NATIVE SON. Il romanzo crudo e tragico pone immediatamente Wright in prima fila tra gli scrittori americani contemporanei.

- Benjamin Oliver Davis, Sr. diventa il primo generale nero dell'esercito americano.

- Il pittore Jacob Lawrence inizia a lavorare su MIGRATION OF THE NEGRO, una serie di 60 dipinti. La serie raffigura il viaggio degli afroamericani dal Sud alle città del Nord nella Grande Migrazione.

- Duke Ellington guida la sua più grande band. Include il bassista Jimmy Blanton, il sassofonista Ben Webster e il trombettista Cootie Williams.

1941

- A seguito di notevoli proteste, il Dipartimento della Guerra degli Stati Uniti forma la prima unità aerea afroamericana, il 99th Pursuit Squadron. I suoi militari diventano noti come Tuskegee Airmen. Benjamin Oliver Davis, Jr. comanda lo squadrone.

1942

- Anche se le forze armate statunitensi iniziano ad accettare donazioni di sangue dai neri, le forze armate decidono di segregare razzialmente la fornitura di sangue. Come risultato, Charles Richard Drew, sviluppatore e direttore dei programmi di plasma sanguigno durante la seconda guerra mondiale, si dimette.

1942

- James Farmer fonda l'organizzazione interrazziale che diventa il Congress of Racial Equality (CORE). Le sue tattiche di azione diretta raggiungono la ribalta nazionale durante le Freedom Rides del 1961.

1942

- Il Bebop (o bop) nasce dagli esperimenti musicali dei musicisti jazz di Harlem, tra cui il sassofonista Charlie Parker, il trombettista Dizzy Gillespie e il pianista Thelonious Monk.

1943

- Il ballerino Bill ("Bojangles") Robinson appare con la cantante Lena Horne nel film musicale all-black STORMY WEATHER.

1945

- La rivista EBONY viene fondata da John H. Johnson di Chicago. Modellata su LIFE ma destinata alla classe media nera, la rivista è un successo immediato.

- Adam Clayton Powell, Jr, pastore della Abyssinian Baptist Church di Harlem, viene eletto alla Camera dei Rappresentanti degli Stati Uniti come democratico di Harlem (New York). Serve 11 mandati successivi.

1946

- Il sassofonista Charlie Parker produce molte delle migliori registrazioni della sua carriera. Tra questi ci sono NOW'S THE TIME, KOKO, YARDBIRD SUITE e ORNITHOLOGY.

1947

- Jackie Robinson si unisce ai Brooklyn Dodgers, diventando il primo giocatore di baseball afroamericano nelle leghe maggiori dell'era moderna.

- Lo storico John Hope Franklin ottiene l'attenzione internazionale con la pubblicazione di FROM SLAVERY TO FREEDOM, un'indagine duratura sulla storia afroamericana.

1948

- Satchel Paige, leggendario lanciatore di baseball delle leghe negre, entra finalmente nelle majors dopo che il "gentlemen's agreement" che proibisce l'ingaggio di giocatori neri viene allentato.

1949

- Non soddisfatto dell'etichetta della rivista BILLBOARD di "dischi di razza" per la sua classifica di musica nera, Jerry Wexler, un giornalista bianco della rivista, introduce la denominazione "rhythm and blues".

1950

- Ralph Bunche riceve il premio Nobel per la pace per il suo lavoro come mediatore delle Nazioni Unite (ONU) nella disputa arabo-israeliana in Palestina.

- Gwendolyn Brooks riceve il premio Pulitzer per la poesia per ANNIE ALLEN (1949), diventando la prima scrittrice afroamericana a vincere il premio.

- Dopo che il cantante, attore e attivista Paul Robeson si rifiuta di giurare di non essere comunista, il Dipartimento di Stato americano sospende il suo passaporto.

1952

- Ralph Ellison pubblica il suo capolavoro, il romanzo L'UOMO INVISIBILE. Riceve il National Book Award nel 1953.

1954

- Il 17 maggio la Corte Suprema degli Stati Uniti decide all'unanimità nel caso BROWN V. BOARD OF EDUCATION OF TOPEKA che la segregazione razziale nelle scuole pubbliche viola il Quattordicesimo Emendamento della Costituzione.

- Nelle World Series contro i Cleveland Indians, l'esterno dei New York Giants Willie Mays fa "la presa". La straordinaria presa sopra la spalla rimane una delle giocate più discusse nella storia del baseball.

1955

- I linciaggi continuano nel Sud con il brutale assassinio di un giovane di 14 anni di Chicago, Emmett Till, a Money, Mississippi. La rivista JET pubblica una foto del suo cadavere mutilato.

- Rosa Parks, segretaria della sezione di Montgomery, Alabama, della NAACP, rifiuta di cedere il suo posto sull'autobus a un bianco. La sua azione porta al boicottaggio degli autobus di Montgomery del 1955-56.

- La diva dell'opera Leontyne Price è trionfante nel ruolo principale della TOSCA DELLA National Broadcasting Company. È la prima afroamericana a cantare l'opera per la televisione.

- Il cantante, cantautore e chitarrista Chuck Berry viaggia da St. Louis, Missouri, a Chicago, Illinois. Lì registra MAYBELLENE, una sensazione immediata tra gli adolescenti. Il successo aiuta a plasmare l'evoluzione del rock and roll.

1956

- Clifford Brown, il trombettista più influente della sua generazione, muore a 25 anni in un incidente d'auto. Noto per il suo lirismo e la grazia della sua tecnica, Brown è una figura principale dello stile hard bop del jazz.

- Arthur Mitchell, futuro direttore del Dance Theatre of Harlem, diventa l'unico ballerino nero del New York City Ballet. George Balanchine crea diversi ruoli appositamente per lui.

- La tennista Althea Gibson diventa la prima afroamericana a vincere un titolo importante - il doppio di Wimbledon - così come il singolo e il doppio francese e il singolo italiano.

1957

- La Southern Christian Leadership Conference viene fondata dal reverendo Martin Luther King, Jr. e altri. Viene formata per coordinare e assistere le organizzazioni locali che lavorano per la piena uguaglianza degli afroamericani.

- Il governatore dell'Arkansas Orval E. Faubus cerca di bloccare la desegregazione alla Central High School di Little Rock, ordinando all'esercito statale di impedire a nove studenti neri di entrare nella scuola. Il presidente Dwight D. Eisenhower ordina alle truppe federali di scortare gli studenti a scuola.

- Il fullback Jim Brown inizia la sua carriera professionale nel football con i Cleveland Browns. Guida la National Football League nelle corse per otto delle sue nove stagioni.

1958

- Il pugile Sugar Ray Robinson, considerato da molti il più grande pugile della storia, riconquista per l'ultima volta il titolo dei pesi medi. Sconfigge Carmen Basilio in un combattimento selvaggio.

- Alvin Ailey fonda l'Alvin Ailey American Dance Theater. Composta principalmente da afroamericani, la compagnia di danza compie numerose tournée sia negli Stati Uniti che all'estero.

- Mahalia Jackson, conosciuta come la "Regina della canzone gospel", si unisce a Duke Ellington nel suo interludio gospel BLACK, BROWN, AND BEIGE al Newport Jazz Festival del 1958.

1959

- Il trombettista Miles Davis registra KIND OF BLUE, spesso considerato il suo capolavoro.

- Il cantante Ray Charles registra WHAT'D I SAY, che diventa il suo primo milione di copie vendute. Esemplifica l'emergere della musica soul, combinando il rhythm and blues con il gospel.

- A RAISIN IN THE SUN, di Lorraine Hansberry, diventa il primo dramma di una donna nera ad essere prodotto a Broadway. La versione cinematografica del 1961 ha come protagonista Sidney Poitier e riceve un premio speciale al festival di Cannes in Francia.

- La Motown Record Corporation viene fondata a Detroit, Michigan, da Berry Gordy Jr. Il "Motown sound" domina la musica popolare nera per tutti gli anni '60. Attira anche un enorme pubblico bianco crossover, diventando il "Sound of Young America".

- Il giocatore di baseball Ernie Banks, uno dei migliori battitori di potenza nella storia del gioco, viene nominato Most Valuable Player della National League per la seconda stagione di fila.

- Il pioniere del "free jazz" Ornette Coleman e il suo quartetto suonano per la prima volta al Five Spot Café di New York. La storica performance provoca forti reazioni, sia di ammirazione che di condanna, da parte del pubblico.

1960–69: Il movimento per i diritti civili e il Black Power

1960

- Jim Stewart ed Estelle Axton, fratello e sorella bianchi, fondano la Stax Records di Memphis, Tennessee. Arriva a definire il suono della musica soul del sud identificato con artisti come Sam and Dave, Booker T. and the MG's, e Otis Redding.

- Il movimento dei sit-in viene lanciato a Greensboro, nella Carolina del Nord, quando gli studenti neri del college si siedono a un banco da pranzo locale "solo per bianchi". Quando viene loro negato il servizio, si rifiutano educatamente ma fermamente di andarsene. Il sit-in è una tattica di disobbedienza civile non violenta.

- Ispirato dal movimento dei sit-in, il batterista jazz Max Roach compone e registra la storica FREEDOM NOW SUITE.

- Il CORE organizza le Freedom Rides, in cui neri e bianchi protestano contro la segregazione viaggiando insieme sugli autobus interstatali attraverso il Sud. I Freedom Riders incontrano una violenza travolgente, in particolare in Alabama, che porta all'intervento federale.

- Whitney Young viene nominato direttore esecutivo della National Urban League. Lavora per colmare il divario tra i leader politici ed economici bianchi e i neri poveri.

1962

- Wilt Chamberlain diventa il primo giocatore di basket a segnare più di 4.000 punti in partite di stagione regolare della National Basketball Association.

- La Corte Suprema degli Stati Uniti decide che l'Università del Mississippi deve ammettere il suo primo studente afroamericano, James Meredith.

- La rivista THE NEW YORKER pubblica un lungo articolo dello scrittore James Baldwin sugli aspetti della lotta per i diritti civili. L'articolo diventa un best-seller in forma di libro come THE FIRE NEXT TIME.

1963

- A Birmingham, Alabama, il commissario di polizia Eugene ("Bull") Connor usa tubi d'acqua e cani contro i manifestanti per i diritti civili, molti dei quali sono bambini. Questo porta ad una crescente pressione sul presidente John F. Kennedy ad agire.

- Medgar Evers, segretario di campo della NAACP in Mississippi, viene ucciso a colpi di pistola davanti a casa sua. L'omicidio segue una storica trasmissione sul tema dei diritti civili da parte del presidente John F. Kennedy.

- Il reverendo Martin Luther King, Jr. scrive "Lettera da una prigione di Birmingham". È indirizzata a otto ecclesiastici che hanno attaccato il suo ruolo nel condurre le proteste per i diritti civili a Birmingham, Alabama. Ampiamente ristampata, la lettera diventa presto un classico della letteratura di protesta.

- Sidney Poitier vince l'Oscar come miglior attore per la sua interpretazione in LILIES OF THE FIELD. Nel 1967 reciterà in due film riguardanti le relazioni razziali, INDOVINA CHI VIENE A CENA e IN THE HEAT OF THE NIGHT.

- Il movimento per i diritti civili raggiunge un culmine drammatico con una massiccia marcia su Washington, D.C. È organizzata principalmente da Bayard Rustin. Tra i temi della marcia c'è la richiesta al Congresso di approvare il Civil Rights Act. A Washington un pubblico interrazziale di più di

200.000 persone ascolta Martin Luther King Jr. pronunciare il suo famoso discorso "I Have a Dream".

(Firma della legge sui diritti civili)

1964

- Malcolm X lascia la Nation of Islam e forma la propria organizzazione religiosa. Fa il pellegrinaggio alla Mecca, in Arabia Saudita, modificando le sue opinioni sul separatismo nero al suo ritorno negli Stati Uniti.

- L'opera DUTCHMAN di LeRoi Jones (più tardi chiamato Imamu Amiri Baraka) appare off-Broadway e ottiene il plauso della critica. L'opera espone la rabbia repressa e l'ostilità dei neri americani verso la cultura bianca dominante.

- I corpi di tre lavoratori dei diritti civili assassinati - due bianchi e un nero - vengono trovati a Philadelphia, Mississippi.

- Il presidente Lyndon Baines Johnson firma la legge sui diritti civili. Dà alle forze dell'ordine federali il potere di prevenire la discriminazione razziale nel lavoro, nel voto e nell'uso delle strutture pubbliche.

- Il reverendo Martin Luther King, Jr. riceve il premio Nobel per la pace a Oslo, Norvegia.

- Bob Gibson, lanciatore dei St. Louis Cardinals, inizia una striscia senza precedenti di sette vittorie consecutive nelle World Series.

- Il sassofonista jazz John Coltrane registra il suo capolavoro, A LOVE SUPREME.

- Il Ventiquattresimo Emendamento alla Costituzione degli Stati Uniti viene ratificato. Esso garantisce che ai cittadini non può essere negato il diritto di voto nelle elezioni presidenziali o congressuali a causa del mancato pagamento di una tassa. Tali tasse elettorali erano usate nel Sud per negare ai neri il diritto di voto.

1965

- Il Voting Rights Act viene approvato dopo la marcia Selma-to-Montgomery in Alabama. La marcia di protesta per i diritti civili catturò l'attenzione nazionale quando i pacifici marciatori furono picchiati senza pietà dalle truppe statali al ponte Edmund Pettus.

- La zona di Watts a Los Angeles esplode nella violenza dopo l'arresto di un giovane automobilista accusato di guida spericolata. Alla fine della rivolta, 34 persone sono morte, 1.032 ferite e 3.952 arrestate.

1966

- Il Black Panther Party for Self-Defense viene fondato a Oakland, California, da Huey Newton e Bobby Seale. Lo scopo originale del gruppo è quello di proteggere i residenti dagli atti di brutalità della polizia.

- Tracciando un nuovo corso per il movimento dei diritti civili, Stokely Carmichael, presidente della Southern Christian Leadership Conference, usa la frase BLACK POWER durante un raduno.

- Il cestista Bill Russell, uno dei più grandi centri difensivi della storia dello sport, diventa l'allenatore dei Boston Celtics. È il primo allenatore nero di una grande squadra sportiva professionistica degli Stati Uniti.

- Edward Brooke del Massachusetts diventa il primo afroamericano ad essere eletto popolarmente al Senato degli Stati Uniti.

- La festa afroamericana di Kwanzaa, modellata su varie feste africane del raccolto, è stata creata da Maulana Karenga, un professore di studi neri alla California State University di Long Beach.

1967

- L'attivista per i diritti civili Julian Bond presta giuramento come rappresentante della legislatura statale della Georgia. Anche se regolarmente eletto, gli viene negato il seggio per essersi opposto al coinvolgimento degli Stati Uniti nella guerra del Vietnam. Nel dicembre 1966 la Corte Suprema degli Stati Uniti stabilì che la sua esclusione era incostituzionale.

- La cantante Aretha Franklin, la "Regina del Soul", pubblica una serie di successi tra cui "I Never Loved a Man" e "Baby, I Love You". Il suo successo "Respect" diventa una specie di inno per il movimento dei diritti civili.

- Al culmine della guerra del Vietnam, il campione di boxe dei pesi massimi Muhammad Ali rifiuta di unirsi alle forze armate a causa del suo credo religioso. Condannato per aver infranto la legge, Ali viene bandito dal ring e privato del suo titolo.

- Il chitarrista blues e rock Jimi Hendrix fa il suo spettacolare debutto al Monterey International Pop Festival.

- Thurgood Marshall diventa il primo giudice afroamericano della Corte Suprema degli Stati Uniti. Come avvocato, sostenne il caso BROWN V. BOARD OF EDUCATION OF TOPEKA.

- Carl Stokes viene eletto sindaco di Cleveland, Ohio. Diventa il primo sindaco afroamericano di una grande città degli Stati Uniti.

1968

- Eldridge Cleaver, ministro dell'informazione del Black Panther Party, pubblica il libro autobiografico SOUL ON ICE.

- Il 4 aprile il reverendo Martin Luther King, Jr. viene assassinato a Memphis, Tennessee. Nella settimana successiva scoppiano rivolte in circa 125 città del paese. Ralph Abernathy gli succede come presidente della Southern Christian Leadership Conference, portando avanti la campagna dei poveri del gruppo.

- Bob Beamon stabilisce il record del mondo nel salto in lungo ai Giochi olimpici del 1968 a Città del Messico, superando il marchio precedente di 21 pollici (53 centimetri). Il suo record sarebbe rimasto in piedi fino al 1991, quando fu battuto da Mike Powell.

- Dopo aver vinto una medaglia d'oro olimpica, sprinter Tommie Smith e compagno di squadra John Carlos dare un saluto nero-power durante la cerimonia di premiazione. Il Comitato Olimpico degli Stati Uniti li sospende.

- L'attore James Earl Jones vince il plauso e un Tony Award per la sua interpretazione del leggendario pugile afroamericano Jack Johnson nell'opera THE GREAT WHITE HOPE. Jones è poi protagonista della versione cinematografica (1970).

- Shirley Chisholm diventa la prima donna nera americana ad essere eletta al Congresso degli Stati Uniti, sconfiggendo il leader dei diritti civili James Farmer.

1969

- Il cofondatore del Black Panther Party Bobby Seale viene processato per cospirazione per incitare i disordini alla Convention Nazionale Democratica di Chicago dell'anno precedente. Dopo aver protestato che gli è stato negato il diritto all'avvocato durante il processo, il giudice ordina che sia legato e imbavagliato.

- L'autore Ernest J. Gaines pubblica THE AUTOBIOGRAPHY OF MISS JANE PITTMAN, un ricordo fittizio di un'anziana donna nera degli anni tra la Ricostruzione e il movimento dei diritti civili.

1971

- In SWANN V. CHARLOTTE-MECKLENBURG BOARD OF EDUCATION la Corte Suprema stabilisce che i programmi di busing volti ad accelerare l'integrazione razziale delle scuole pubbliche negli Stati Uniti sono costituzionali.

1972

- Lo scrittore Ishmael Reed pubblica il romanzo MUMBO JUMBO. Il suo tono irriverente fa rivivere con successo la tradizione del romanzo satirico afroamericano.

- Shirley Chisholm, membro della Camera dei Rappresentanti di New York, è la prima donna afroamericana a fare una seria offerta per la presidenza degli Stati Uniti.

1973

- Gladys Knight and the Pips producono l'album IMAGINATION CHE vende milioni di copie, vincendo due Grammy Awards.

1974

- Il giocatore di baseball Hank Aaron colpisce il suo 715° fuoricampo, battendo il record di Babe Ruth, che resisteva dal 1935.

- Nel famoso "Rumble in the Jungle", il pugile George Foreman, precedentemente imbattuto in incontri professionali, cade contro Muhammad Ali in otto round a Kinshasa, Zaire (ora Repubblica Democratica del Congo).

1975

- Il tennista Arthur Ashe vince il titolo di singolare a Wimbledon, diventando il primo afroamericano a vincere il prestigioso campionato.

- Elijah Muhammad, leader della Nazione dell'Islam, muore. Dopo che suo figlio rinomina l'organizzazione e la integra nell'Islam ortodosso, il ministro Louis Farrakhan reclama e ricostruisce la Nazione dell'Islam.

- Frank Robinson diventa il primo manager afroamericano di una squadra della Major League Baseball, i Cleveland Indians.

1976

- Barbara Jordan, rappresentante del Congresso del Texas, pronuncia il discorso di apertura della Convention Nazionale Democratica. Conferma la sua reputazione come una delle più eloquenti oratrici pubbliche della sua epoca.

- Il deputato Andrew Young della Georgia diventa il primo ambasciatore afroamericano degli Stati Uniti alle Nazioni Unite (ONU).

1977

- Il romanzo ROOTS di Alex Haley: THE SAGA OF AN AMERICAN FAMILY (1976) viene adattato per la televisione, diventando uno degli spettacoli più popolari nella storia della TV americana.

- Benjamin L. Hooks diventa direttore esecutivo della NAACP, succedendo a Roy Wilkins. Sottolineando la necessità di un'azione affermativa e di una maggiore registrazione degli elettori delle minoranze, Hooks rimane in carica fino al 1993.

1978

- Nella decisione Bakke riguardante l'azione affermativa, la Corte Suprema degli Stati Uniti si pronuncia contro l'uso di quote razziali fisse nel prendere decisioni sulle ammissioni per le scuole professionali. Tuttavia, decide che la razza può essere un fattore nelle decisioni di ammissione.

1979

- Il giocatore di baseball Lou Brock ruba la sua 935ª base, diventando il leader di tutti i tempi delle basi rubate in carriera nella Major League Baseball. Rickey Henderson avrebbe stabilito un nuovo record di basi rubate nel 1991.

- UNITED STEELWORKERS OF AMERICA V. WEBER permette a un programma di azione affermativa di privilegiare gli afroamericani se il programma è destinato a rimediare alla discriminazione passata.

- Il rap sale alla ribalta nazionale negli Stati Uniti con l'uscita della canzone "Rapper's Delight" della Sugarhill Gang.

1981

- Il leader dei diritti civili Andrew Young viene eletto sindaco di Atlanta, Georgia, carica che mantiene fino al 1989.

1982

- Il drammaturgo Charles Fuller vince il premio Pulitzer per il dramma con A SOLDIER'S PLAY. L'opera esamina il conflitto tra i soldati neri in una base dell'esercito del sud durante la seconda guerra mondiale.

- Il cantante Michael Jackson crea una sensazione con l'album THRILLER. Diventa uno degli album più popolari di tutti i tempi, vendendo più di 40 milioni di copie.

1983

- La scrittrice Alice Walker riceve il premio Pulitzer per IL COLORE VIOLA.

- Harold Washington vince la candidatura democratica a sindaco, battendo il sindaco in carica Jane Byrne e Richard M. Daley. Washington viene quindi eletto primo sindaco afroamericano di Chicago, Illinois.

- Il leader dei diritti civili Jesse Jackson annuncia la sua intenzione di correre per la nomination presidenziale democratica. Diventa il primo afroamericano a fare una seria offerta per la presidenza.

- Guion Bluford, Jr. diventa il primo afroamericano nello spazio come membro dell'equipaggio dello space shuttle CHALLENGER.

1984

- Il COSBY SHOW, con protagonista il comico Bill Cosby, diventa una delle più popolari situation comedies della storia della televisione. Viene lodato per il suo ampio appeal interculturale e per aver evitato gli stereotipi razziali.

1986

- Il drammaturgo August Wilson riceve il premio Pulitzer per FENCES. Vince di nuovo il premio per THE PIANO LESSON nel 1990. Entrambi fanno parte del suo ciclo di opere che raccontano l'esperienza dei neri americani.

- Il Martin Luther King, Jr. Day viene celebrato per la prima volta come festa nazionale degli Stati Uniti. La festa, che onora il leader dei diritti civili Martin Luther King, Jr. è stata ufficialmente istituita da una legge del 1983.

1987

- L'attaccante di basket Julius Erving si ritira dopo essere diventato il terzo giocatore professionista a segnare un totale di 30.000 punti in carriera.

1988

- L'atleta Florence Griffith Joyner cattura tre medaglie d'oro e una d'argento alle Olimpiadi di Seul, Corea del Sud.

1989

- La ballerina moderna Judith Jamison diventa direttore artistico dell'Alvin Ailey American Dance Theater, dopo la morte di Ailey.

- David Dinkins diventa il primo afroamericano ad essere eletto sindaco di New York City.

1990-oggi: Gli anni del millennio

1990

- Muore il batterista jazz Art Blakey. Dopo aver fondato i Jazz Messengers nel 1954, è stato responsabile della formazione di generazioni di giovani musicisti jazz.

1991

- Il Senato vota 52-48 per confermare la nomina del giudice Clarence Thomas alla Corte Suprema. Durante le udienze di conferma, l'ex assistente di Thomas, Anita Hill, ha accusato il giudice di averla molestata sessualmente.

- Con molto clamore, Henry Louis Gates, Jr. viene nominato professore di scienze umane W.E.B. Du Bois all'Università di Harvard. Procede a costruire il Dipartimento di Studi Afro-Americani dell'università.

1992

- Scoppiano disordini a Los Angeles, California, scatenati dall'assoluzione di quattro poliziotti bianchi ripresi in un video che picchiano Rodney King, un automobilista nero. I disordini causano almeno 55 morti e circa 1 miliardo di dollari di danni alla proprietà.

- L'autore Terry McMillan pubblica WAITING TO EXHALE, che segue quattro donne afroamericane della classe media, ognuna delle quali cerca l'amore di un uomo degno. La popolarità sfrenata del libro porta a un adattamento cinematografico.

- La cantante Mary J. Blige pubblica il suo primo album da solista, WHAT'S THE 411?, prodotto principalmente dal rapper Sean "Puffy" Combs (Diddy). Ridefinendo la musica soul, l'album mescola il soul classico con l'hip-hop e il rhythm and blues urbano contemporaneo.

- Mae Jemison diventa la prima donna afroamericana astronauta, trascorrendo più di una settimana in orbita intorno alla Terra nello space shuttle ENDEAVOUR.

- Carol Moseley Braun diventa la prima donna afroamericana eletta al Senato degli Stati Uniti, rappresentando lo stato dell'Illinois.

1993

- La poetessa Maya Angelou, autrice dell'opera autobiografica I KNOW WHY THE CAGED BIRD SINGS, compone e consegna una poesia per l'inaugurazione del presidente Bill Clinton.

- Cornel West, filosofo progressista postmoderno, trova un pubblico mainstream con la pubblicazione del suo libro RACE MATTERS. Si tratta di un attento esame della comunità nera all'epoca dei disordini di Los Angeles del 1992.

- La poetessa Rita Dove, autrice del libro THOMAS AND BEULAH, vincitore del premio Pulitzer, viene scelta come poetessa laureata degli Stati Uniti.

- La scrittrice Toni Morrison, vincitrice del premio Pulitzer per la narrativa per BELOVED, riceve il premio Nobel per la letteratura.

- Joycelyn Elders diventa la prima donna afroamericana a servire come chirurgo generale degli Stati Uniti.

1994

- All'età di 45 anni, George Foreman diventa il più vecchio campione di boxe dei pesi massimi del mondo.

1995

- In uno dei più celebri processi penali della storia americana, l'ex corridore di football O.J. Simpson viene assolto dall'omicidio della sua ex moglie Nicole Brown Simpson e del suo amico Ronald Goldman.

- Il ministro Louis Farrakhan, leader della Nazione dell'Islam, raggiunge l'apice della sua influenza come il più importante organizzatore della "Million Man March" degli uomini afroamericani a Washington.

1996

- Ai Giochi Olimpici di Atlanta, Georgia, il velocista Michael Johnson diventa il primo uomo a vincere medaglie d'oro nei 200 metri e nei 400 metri. Stabilisce un record mondiale dei 200 metri di 19,32 secondi.

1997

- Tiger Woods diventa il primo golfista afroamericano a vincere il Masters Tournament.
- Molte donne afroamericane si uniscono alla Million Woman March a Philadelphia, Pennsylvania.

1998

- Michael Jordan, spesso considerato il più grande giocatore all-around nella storia del basket, conduce i Chicago Bulls al loro sesto campionato.
- I "Nove di Little Rock" - nove studenti neri ai quali fu impedito di frequentare una scuola pubblica, un tempo tutta bianca, a Little Rock, Arkansas, nel 1957 - ricevono la Medaglia d'Oro del Congresso.

1999

- Rosa Parks riceve la medaglia d'oro del Congresso.

- La sparatoria e l'uccisione per errore di un immigrato africano, Amadou Diallo, da parte dei poliziotti di New York City provoca un'indignazione nazionale.

2000

- La tennista Venus Williams diventa la prima donna afroamericana dai tempi di Althea Gibson (1958) a vincere il campionato di singolare a Wimbledon. Più tardi nell'anno diventa la prima donna afroamericana a vincere una medaglia d'oro nel tennis in singolo e in doppio agli stessi Giochi Olimpici.

- In risposta alle proteste diffuse e al boicottaggio della NAACP, il Senato della Carolina del Sud approva una legge per rimuovere la bandiera confederata dalla sede dello Stato.

2001

- Il generale Colin Powell diventa il primo afroamericano a servire come segretario di stato americano. È stato anche il primo presidente afroamericano del Joint Chiefs of Staff (1989-93).

- Condoleezza Rice viene nominata consigliere per la sicurezza nazionale, diventando la prima donna e la seconda afroamericana a ricoprire questa posizione.

- Il vescovo cattolico romano Wilton Gregory diventa il primo afroamericano ad essere eletto presidente della Conferenza dei vescovi cattolici degli Stati Uniti.

2002

- L'atleta Vonetta Flowers vince una medaglia d'oro nel bob femminile, diventando la prima afroamericana a vincere una medaglia d'oro alle Olimpiadi invernali.

- Halle Berry diventa la prima donna afroamericana a vincere l'Oscar come migliore attrice.

2003

- La Corte Suprema degli Stati Uniti emette una sentenza sull'azione affermativa nell'istruzione, sostenendo l'uso della razza nelle politiche di ammissione dei collegi.

- Il tenente Vernice Armour diventa la prima donna afroamericana pilota da combattimento nel Corpo dei Marines degli Stati Uniti e nella storia militare degli Stati Uniti.

2004

- Il rapper Kanye West pubblica il suo primo album da solista, THE COLLEGE DROPOUT. Produttore e performer di successo, aiuterà a realizzare successi di artisti come Jay-Z, Ludacris, Alicia Keys, Nas, Lil Wayne, Mariah Carey e Beyoncé.

- Barack Obama diventa il terzo afroamericano ad essere eletto al Senato degli Stati Uniti dopo la Ricostruzione.

- Il giocatore di baseball Barry Bonds batte il suo 700° home run.

2005

- Condoleezza Rice succede a Colin Powell come segretario di stato americano, diventando la prima donna afroamericana a ricoprire l'incarico.

2007

- Le eloquenti silhouette dell'artista Kara Walker sono al centro di una grande mostra itinerante, "Kara Walker: My Complement, My Enemy, My Oppressor, My Love".

2007

- Il pioniere del rap Grandmaster Flash and the Furious Five diventa il primo gruppo hip-hop inserito nella Rock and Roll Hall of Fame.

2008

- Barack Obama viene eletto presidente degli Stati Uniti, diventando il primo afroamericano a vincere questa carica.

2009

- Eric Holder diventa il primo afroamericano a servire come procuratore generale degli Stati Uniti.

- Il rapper Jay-Z batte il record della rivista BILLBOARD DI Elvis Presley per il maggior numero di album numero uno di un artista solista. THE BLUEPRINT 3 è l'undicesimo album in classifica di Jay-Z.

2010

- La NAACP sceglie l'amministratrice sanitaria Roslyn M. Brock, 44 anni, per seguire l'attivista dei diritti civili Julian Bond come suo presidente, passando così la torcia a una nuova generazione.

2012

- Trayvon Martin, un adolescente nero disarmato, viene ucciso da George Zimmerman, un volontario della vigilanza di quartiere, a Sanford, Florida. La morte di Martin accresce il dibattito sulla persistenza del razzismo e del profiling razziale negli Stati Uniti. Nel 2013 una giuria dichiarerà Zimmerman non colpevole. Proteste contro il verdetto si svolgono in tutti gli Stati Uniti. Esse portano alla formazione del movimento sociale Black Lives Matter che cerca un migliore trattamento degli afroamericani in tutti gli aspetti della società americana.

2013

- In SHELBY COUNTY V. HOLDER, la Corte Suprema degli Stati Uniti invalida una disposizione centrale del Voting Rights Act. La disposizione vietava a certe giurisdizioni di cambiare le leggi e le procedure di voto senza l'approvazione federale. In seguito alla sentenza, un certo numero di stati del Sud introducono cambiamenti controversi nelle loro leggi sul voto, come ad esempio severi requisiti di identificazione degli elettori.

2014

- Michael Brown, un adolescente nero disarmato, viene ucciso da Darren Wilson, un poliziotto bianco, a Ferguson, Missouri. Giorni di disordini civili e proteste scoppiano, attirando l'attenzione nazionale e internazionale.

2015

- Loretta Lynch diventa la prima donna afroamericana a servire come procuratore generale degli Stati Uniti.

2016

- Tredici anni dopo la sua fondazione, il National Museum of African American History and Culture (NMAAHC) apre al pubblico sul National Mall a Washington, D.C.

2020

- Nel mezzo di una continua pandemia di COVID-19, i rapporti mostrano che gli afroamericani contraevano la malattia e ne morivano a tassi molto più alti dei bianchi. Per spiegare queste grandi disparità, molti esperti citano gli effetti del razzismo sistematico.

2020

- George Floyd, un afroamericano disarmato, viene ucciso mentre viene bloccato a terra da agenti di polizia bianchi a Minneapolis, Minnesota. Un poliziotto si inginocchia sul collo di Floyd per diversi minuti mentre Floyd chiede aiuto, indicando che non può respirare. Scoppiano rivolte e dimostrazioni non violente, con un gran numero di manifestanti pacifici che si riuniscono a livello nazionale e poi internazionale. Le proteste durano per settimane quando la gente chiede la fine della brutalità della polizia e delle istituzioni, delle politiche e delle pratiche che perpetuano il razzismo.

I nostri libri

Sei interessato alla storia dell'URSS?

La Storia dell'URSS 1914-1991 è un resoconto completo e autorevole di uno dei periodi più importanti della storia mondiale moderna. Traccia gli eventi dalla Russia zarista, attraverso la rivoluzione bolscevica di Lenin, il governo di Stalin, il "disgelo" di Khrushchev e la stagnazione di Brezhnev - fino a Gorbaciov e oltre. Questo libro offre una prospettiva senza rivali sulla società sovietica ad ogni livello - politico, economico, sociale e culturale.

Questo libro è un resoconto completo dell'ascesa e della caduta del comunismo in Russia. L'autore esamina come questi leader affrontarono i problemi economici come la carenza di cibo e la disoccupazione. Esplora anche le loro politiche estere durante la seconda guerra mondiale e dopo, quando cercarono di mantenere un impero che stava scivolando fuori dalla loro presa.

Scoprirai come la gente viveva sotto il comunismo, cosa mangiava, dove andava a divertirsi, come erano fatti i vestiti, chi poteva viaggiare all'estero o comprare beni stranieri, cosa succedeva quando si ammalava o moriva. E conoscerai tutte quelle cose che oggi sono così familiari, ma che allora non erano ancora state inventate: telefoni cellulari, computer, film occidentali... Tutte queste cose sono nate dopo il 1991, ma questo libro vi racconterà com'era la vita prima di esse.

Sarete in grado di capire perché questo paese è crollato così rapidamente dopo la sua nascita leggendo questo libro! Ci sono molte lezioni per coloro che vogliono studiare i paesi comunisti o semplicemente imparare di più sulla storia russa!

Potete trovare questo libro in versione tascabile su tutti i siti web delle principali librerie

Se siete interessati alla storia della Cina, questo è un grande libro per voi!

Questo libro è una breve storia della Repubblica Popolare Cinese. Copre tutto, dalle antiche dinastie e dalle guerre civili all'ascesa del partito comunista cinese. Puoi leggere come tutto è iniziato, cosa è successo durante il governo di Mao Zedong, e altro ancora!

Nel 1949, il Partito Comunista Cinese (PCC) ottenne la sua prima vittoria e stabilì la Repubblica Popolare Cinese. Il PCC era guidato da Mao Zedong e dai suoi compagni d'armi come Zhou Enlai, Zhu De, Chen Yun e Deng Xiaoping. Essi guidarono il popolo a combattere contro gli invasori giapponesi e i loro nemici interni tra cui i proprietari terrieri, i contadini ricchi, i controrivoluzionari e gli elementi cattivi che stavano sabotando la ricostruzione nazionale.

Se siete interessati a conoscere il passato di questo paese, allora questo è un ottimo punto di partenza. L'autore ha creato un libro informativo che vi darà una migliore comprensione di ciò che è avvenuto nel tempo. Include anche immagini per gli studenti visivi che vogliono vedere le immagini oltre alle parole.

Questo libro vi racconterà di come questi leader hanno contribuito a plasmare la Cina moderna con le loro capacità di leadership che vengono utilizzate ancora oggi! Imparerai come hanno lottato per l'uguaglianza tra tutte le classi della società mentre costruivano un'economia che poteva competere su scala globale. Non è solo una storia di politica o di economia - è anche una storia di cultura! Impara di più sui costumi tradizionali da questa breve storia della Cina!

Potete trovare questo libro in versione tascabile su tutti i siti web delle principali librerie

Lightning Source UK Ltd.
Milton Keynes UK
UKHW020753020821
388172UK00012B/1005